शिक्षा के दार्शनिक आधार

Philosophical Foundations of Education

सुनील कुमार

UGC NET, M.Ed & MA
(Education, Philosphy, Hindi, Sociology)
Research Scholar and Assistant Professor
Chhatrapati Shahu Ji Maharaj University, Kanpur, (U.P.)

पुस्तक का नाम:
शिक्षा के दार्शनिक आधार
लेखक:
सुनील कुमार
प्रकाशक:
सुनील कुमार
ईमेल- rohansinghsunil52@gmail.com
प्रथम संस्करण: जुलाई, 2025

ISBN: 978-93-343-5139-2

पुस्तक संयोजन एवं रूपसज्जा:
सुनील कुमार

पुस्तक के संबंध में...

यह पुस्तक **'शिक्षा के दार्शनिक आधार"** विशेष रूप से उन पाठकों, शोधार्थियों और अभ्यर्थियों के लिए तैयार की गई है, जो B.Ed, M.Ed, UGC-NET (Education), एवं सहायक आचार्य (Assistant Professor) जैसे शैक्षिक एवं प्रतियोगी परीक्षाओं की तैयारी कर रहे हैं। इस पुस्तक की संरचना शिक्षाशास्त्रीय दृष्टिकोण, दार्शनिक मूलभूत सिद्धांतों और राष्ट्रीय मूल्यों के व्यावहारिक अनुप्रयोग को समाहित करते हुए की गई है।

पुस्तक के प्रमुख विशेषताएँ इस प्रकार हैं:

- यह द्विभाषिक (हिंदी–अंग्रेज़ी) प्रारूप में है जिससे दोनों माध्यमों के छात्रों को अध्ययन में सुविधा होगी।
- इसमें भारतीय एवं पाश्चात्य दर्शन के महत्वपूर्ण दर्शनों का तुलनात्मक एवं समन्वयात्मक विश्लेषण प्रस्तुत किया गया है।
- ज्ञानमीमांसा, तात्त्विक मीमांसा, नैतिक शिक्षा, मूल्य शिक्षा, तथा शिक्षा में उनके प्रभाव की विस्तार से व्याख्या की गई है।
- स्वामी विवेकानंद, महात्मा गांधी, अरविंद घोष तथा टैगोर जैसे भारतीय दार्शनिकों के शैक्षिक दृष्टिकोण को सरल भाषा में प्रस्तुत किया गया है।
- प्रत्येक अध्याय के बाद महत्वपूर्ण वस्तुनिष्ठ प्रश्न (MCQs) एवं परीक्षा में पूछे गए विगत वष के प्रश्नों को भी शामिल किया गया है।
- पुस्तक के अंत में *शब्दावली (Glossary)*, *संदर्भ ग्रंथ सूची*, *विभिन्न दार्शनिकों की तुलना सारणी*, एवं *उपयुक्त परिशिष्ट* जोड़े गए हैं, जिससे यह पुस्तक एक सम्पूर्ण संदर्भ-सामग्री बन जाती है।

यह पुस्तक न केवल परीक्षा की दृष्टि से उपयोगी है, बल्कि शिक्षाशास्त्र के गंभीर अध्येताओं के लिए भी यह एक मर्मस्पर्शी बौद्धिक सामग्री है। लेखक ने इसे अत्यंत शोधपरक, सहज, व्यवस्थित एवं तर्कसंगत शैली में प्रस्तुत किया है ताकि यह छात्रों, शोधार्थियों, एवं शिक्षकों सभी के लिए उपयोगी सिद्ध हो।

लेखक के शब्द

यह पुस्तक शिक्षाशास्त्रीय और दार्शनिक दृष्टिकोणों का समन्वित प्रस्तुतीकरण है। पुस्तक का उद्देश्य शिक्षार्थियों, शोधकर्ताओं, प्रशिक्षु शिक्षकों और प्रतियोगी परीक्षाओं की तैयारी कर रहे अभ्यर्थियों को एक स्पष्ट, संगठित और तथ्यानुकूल सामग्री उपलब्ध कराना है। इस पुस्तक के प्रत्येक अध्याय को पाठ्यक्रम की आवश्यकताओं, विश्वविद्यालयीय मांगों और प्रतियोगी परीक्षा की दृष्टि से सुव्यवस्थित किया गया है। प्रयास यह रहा है कि किसी भी मूल सिद्धांत, परिभाषा, विचारधारा या शैक्षिक अवधारणा की उपेक्षा न हो और विषयवस्तु सरल, सुस्पष्ट एवं परीक्षोपयोगी हो। लेखन में प्रयुक्त भाषा को द्विभाषिक (हिंदी–अंग्रेज़ी) रूप में इस प्रकार रखा गया है कि पाठक न केवल विषय की गहराई को समझ सकें, बल्कि दार्शनिक शब्दावली में भी दक्षता प्राप्त कर सकें। शब्दावली, परिशिष्ट तथा वस्तुनिष्ठ प्रश्नों को भी पुस्तक में स्थान दिया गया है, जिससे यह एक संपूर्ण अध्ययन सामग्री बन सके।

लेखन की इस प्रक्रिया में यदि कहीं कोई त्रुटि, विसंगति या अस्पष्टता रह गई हो तो पाठकों से सुझाव एवं प्रतिक्रिया सादर आमंत्रित हैं ताकि आगामी संस्करणों में सुधार संभव हो सके।

- सुनील कुमार

विषय सूची (Table of Contents)

खंड 1: दर्शन और शिक्षा का परिचय
Introduction to Philosophy and Education

अध्याय 1: दर्शन की परिभाषा, व्युत्पत्ति और स्वरूप
Definition, Etymology and Nature of Philosophy

1.1 दर्शन की व्युत्पत्ति (Etymology of Philosophy)

'दर्शन' शब्द संस्कृत धातु **"दृश्"** से उत्पन्न हुआ है, जिसका अर्थ है – देखना, जानना या साक्षात्कार करना। 'दर्शन' का तात्पर्य जीवन, आत्मा, ब्रह्म, जगत और अस्तित्व के मूल तत्वों के बौद्धिक और आध्यात्मिक अन्वेषण से है।

The word *Philosophy* is derived from two Greek terms:

- Philo (**φίλο**) = Love (प्रेम)
- Sophia (**σοφία**) = Wisdom or Knowledge (ज्ञान)
  Thus, *Philosophy* literally means "**Love of Wisdom**" or the **desire to gain true knowledge** about existence, values, and reality.

1.2 दर्शन की परिभाषाएँ (Definitions of Philosophy)

विचारक	परिभाषा
डॉ.राधाकृष्णन	"दर्शन सत्य का बौद्धिक अन्वेषण है।"
सुकरात	"दर्शन आत्मा की स्वयं को जानने की प्रक्रिया है।"
काण्ट (Kant)	"दर्शन वह विज्ञान है जो अंतिम कारणों से संबंधित है।"

टॉमस एक्विनास	"Philosophy is the knowledge of all things through their ultimate causes, acquired through reason."

Thinker	Definition
Socrates	"Philosophy is the pursuit of self-knowledge."
Plato	"Philosophy is the science of the eternal essence of reality."
John Dewey	"Philosophy is a critical, reflective and systematic way of thinking about life."
Immanuel Kant	"Philosophy is the science of the relation of all knowledge to the essential ends of human reason."

1.3 दर्शन का स्वरूप (Nature of Philosophy)

1. **विचारशीलता (Reflective)**: दर्शन गहन चिंतन पर आधारित होता है, यह सतही नहीं बल्कि मौलिक प्रश्नों का समाधान खोजता है।
2. **तार्किकता (Logical)**: दर्शन तर्क और प्रमाण आधारित होता है।
3. **सैद्धांतिकता (Theoretical)**: दर्शन सैद्धांतिक रूप से सत्य और यथार्थ की व्याख्या करता है।
4. **व्यवहारिकता (Practicality)**: नैतिकता, शिक्षा और समाज जैसे क्षेत्रों में दर्शन का व्यावहारिक पक्ष अत्यंत महत्त्वपूर्ण है।
5. **सार्वभौमिकता (Universality)**: दर्शन सार्वभौमिक विषयों से संबंधित है – जैसे जीवन, मृत्यु, आत्मा, ब्रह्म, नैतिकता, समाज।

6. **समीक्षात्मकता (Critical Nature)**: यह मौजूदा मान्यताओं की पुनः विवेचना करता है।

1. **Reflective**: Philosophy is based on deep reflection and critical thinking.
2. **Logical**: It uses rational analysis, reasoning, and arguments.
3. **Theoretical**: Philosophy formulates abstract and universal theories.
4. **Practical**: It has real-life applications, especially in education, ethics, and politics.
5. **Universal**: It deals with timeless questions concerning life, death, soul, values, and the universe.
6. **Critical**: It questions assumptions and analyses ideas with a critical lens.

1.4 दर्शन के मुख्य अंग (Main Branches of Philosophy)

शाखा (Hindi)	**Branch (English)**	**अध्ययन क्षेत्र (Domain)**
ज्ञानमीमांसा	Epistemology	ज्ञान की प्रकृति, स्रोत, सीमा और प्रमाण
तत्त्वमीमांसा	Metaphysics	यथार्थ, अस्तित्व, ब्रह्म, आत्मा का अध्ययन
नैतिकशास्त्र	Ethics	नैतिकता, आचरण, कर्तव्य, मूल्य
तर्कशास्त्र	Logic	युक्ति, तर्क, प्रमाण, तार्किक विश्लेषण
सौंदर्यशास्त्र	Aesthetics	कला, सौंदर्यबोध और रचनात्मक मूल्य
सामाजिक दर्शन	Social	समाज, संस्कृति, धर्म और सामाजिक संस्थाएँ

	Philosophy	

1.5 दर्शन और शिक्षा का संबंध (Relation between Philosophy and Education)

- दर्शन शिक्षा की *मूल आत्मा* है।
- शिक्षा, दर्शन के सिद्धांतों को व्यावहारिक रूप देती है।
- शिक्षा का उद्देश्य, पाठ्यक्रम, शिक्षण विधियाँ और मूल्यांकन – सब दार्शनिक दृष्टिकोण पर आधारित हैं।

Philosophy and education are deeply interrelated.
Philosophy determines:

- **Aims of Education**
- **Curriculum Content**
- **Teaching Methods**
- **Discipline and Evaluation**

Education is applied philosophy, and philosophy provides the foundation for educational practices.

ध्यान दें / Note Box

- दर्शन स्थायी प्रश्नों का अस्थायी उत्तर नहीं,
बल्कि अस्थायी उत्तरों पर स्थायी मंथन है।
Philosophy is not about giving final answers but about raising deeper questions.

महत्वपूर्ण शब्द / Key Terms

- दर्शन (Philosophy)
- ज्ञानमीमांसा (Epistemology)
- तत्त्वमीमांसा (Metaphysics)
- नैतिकता (Ethics)
- आत्मा (Soul)
- ब्रह्म (Ultimate Reality)

अभ्यास प्रश्न / Practice Questions

वर्णात्मक प्रश्न (Descriptive Questions)

1. दर्शन की परिभाषा दीजिए तथा उसके स्वरूप की विवेचना कीजिए।
   Define philosophy and explain its nature.
2. दर्शन और शिक्षा के मध्य संबंध स्पष्ट कीजिए।
   Discuss the relationship between philosophy and education.

वस्तुनिष्ठ प्रश्न (MCQs)

1. Philosophy is derived from which language?
   a) Latin
   b) Sanskrit
   c) Greek ✓
   d) Arabic
2. Epistemology deals with—
   a) Ethics

b) Beauty

c) Knowledge ☑

d) Logic

दर्शन ज्ञान, सत्य और अस्तित्व की खोज की वह प्रक्रिया है जो चिंतन, विश्लेषण और तर्क पर आधारित होती है। यह शिक्षा के प्रत्येक तत्व की नींव है।
Philosophy is the rational and reflective inquiry into truth and reality. It forms the base of all educational thought and practice.

अध्याय 2: शिक्षा की परिभाषा, स्वरूप और प्रयोजन

Definition, Nature and Aims of Education

2.1 शिक्षा की परिभाषा (Definitions of Education)

'शिक्षा' शब्द संस्कृत की "शिक्ष" धातु से बना है जिसका अर्थ है — सीखना, सिखाना, अभ्यास करना।
शिक्षा केवल ज्ञान का संप्रेषण नहीं है, बल्कि यह मानव के समग्र विकास की प्रक्रिया है – शारीरिक, मानसिक, नैतिक, सामाजिक और आध्यात्मिक।

The word *Education* is derived from:

- **Educare (Latin)** – To bring up or nourish
- **Educere** – To draw out (latent powers of the individual)
- **Educatum** – To train or mold

Thus **education is a process** that leads to the all-round development of the individual by nurturing their innate potential.

प्रमुख परिभाषाएँ (Important Definitions):

विचारक / Thinker	परिभाषा / **Definition**
स्वामी विवेकानंद	"शिक्षा वह है जिससे जीवन-निर्माण, चरित्र-निर्माण तथा समाज की उन्नति हो।"
महात्मा गांधी	"शिक्षा का उद्देश्य सर्वांगीण विकास है।"
Plato	"Education is the process of training the

	body and soul in a proper manner."
John Dewey	"Education is the reconstruction of experience."
Pestalozzi	"Education is natural, harmonious and progressive development of man's innate powers."

2.2 शिक्षा का स्वरूप (Nature of Education)

शिक्षा एक **सामाजिक, नैतिक, सतत और द्विमार्गी प्रक्रिया** है जो व्यक्ति के आंतरिक गुणों का विकास करती है। यह केवल विद्यालय तक सीमित नहीं, बल्कि जीवनपर्यंत चलने वाली प्रक्रिया है।

Education is:

- A continuous, lifelong process
- Both formal and informal
- Bi-directional (teacher ↔ learner)
- Psychological and sociological
- Moral and intellectual development
- Process of socialization and individualization

शिक्षा के स्वरूप की विशेषताएँ (Key Characteristics of Education):

क्रम	हिंदी (विशेषता)	English (Characteristic)
1.	सतत प्रक्रिया	Continuous Process
2.	द्विमार्गी प्रक्रिया	Bi-directional Process
3.	सामाजिक प्रक्रिया	Social Process
4.	नैतिक विकास का माध्यम	Means of Moral Development
5.	बौद्धिक विकास का साधन	Tool for Intellectual Development
6.	मूल्य आधारित प्रक्रिया	Value-based Process
7.	व्यवहार परिवर्तन की प्रक्रिया	Process of Behavioral Modification

2.3 शिक्षा के प्रयोजन (Aims of Education)

शिक्षा का प्रमुख उद्देश्य **व्यक्ति के व्यक्तित्व का सर्वांगीण विकास** तथा **समाज के उत्थान में योगदान** है।

The primary aim of education is **the holistic development of the individual** and **the advancement of human society**.

प्रमुख प्रयोजन (Major Aims of Education):

उद्देश्य (Hindi)	Aim (English)	विवरण (Explanation)
1. नैतिक उद्देश्य	Moral Aim	सदाचार, अनुशासन, मानवीय मूल्य
2. बौद्धिक उद्देश्य	Intellectual Aim	चिंतन, विवेक, तार्किकता का विकास
3. सामाजिक उद्देश्य	Social Aim	समाजोपयोगी नागरिक निर्माण
4. आध्यात्मिक उद्देश्य	Spiritual Aim	आत्मा व ब्रह्म का साक्षात्कार
5. व्यावसायिक उद्देश्य	Vocational	जीवनोपार्जन के लिए दक्षता

	Aim	
6. सांस्कृतिक उद्देश्य	Cultural Aim	सांस्कृतिक विरासत का संवर्धन
7. लोकतांत्रिक उद्देश्य	Democratic Aim	लोकतांत्रिक मूल्यों की स्थापना

2.4 **भारतीय परिप्रेक्ष्य में शिक्षा के उद्देश्य**

Aims of Education in Indian Context

भारतीय दर्शन में शिक्षा का लक्ष्य **मोक्ष**, **आत्मबोध**, और **कर्तव्यपालन** है।
वेदों में शिक्षा का उद्देश्य:

"सा विद्या या विमुक्तये" — *वह विद्या है जो मुक्ति की ओर ले जाए।*
In Indian tradition, education aims at:

- Self-realization
- Liberation (Moksha)
- Fulfillment of duties
- Harmony with society and nature

Modern Indian Education (NPE 1986/NEP 2020):

- All-round development
- Constitutional values
- Scientific temperament
- Global competence
- Skill development

2.5 शिक्षा के उद्देश्यों का वर्गीकरण (Classification of Aims)

वर्ग / Type	उद्देश्य / Aim
व्यक्तिक (Individualistic)	आत्मविकास, आत्मनिर्भरता
सामाजिक (Social)	सामाजिक सेवा, उत्तरदायित्व
राष्ट्रीय (National)	राष्ट्र निर्माण, नागरिकता
वैश्विक (Global)	वैश्विक दृष्टिकोण, विश्व शांति

ध्यान दें / Think Box

- "शिक्षा केवल आजीविका का साधन नहीं, जीवन का दर्शन है।"
  Education is not just for earning livelihood, but for living a meaningful life.

महत्वपूर्ण शब्द / Key Terms

- शिक्षा (Education)
- सतत प्रक्रिया (Lifelong Process)
- उद्देश्य (Aim)
- नैतिकता (Morality)
- व्यावसायिकता (Vocationalism)
- आध्यात्मिकता (Spirituality)

अभ्यास प्रश्न / Practice Questions

वर्णात्मक प्रश्न (Descriptive)

1. शिक्षा की परिभाषा और स्वरूप पर प्रकाश डालिए।
   Explain the definition and nature of education.
2. शिक्षा के उद्देश्यों का वर्गीकरण कीजिए तथा उपयुक्त उदाहरणों सहित व्याख्या कीजिए।
   Classify and explain the various aims of education with suitable examples.
3. भारतीय परिप्रेक्ष्य में शिक्षा के उद्देश्यों की विवेचना कीजिए।
   Discuss the aims of education in Indian context.

वस्तुनिष्ठ प्रश्न (MCQs)

1. The word 'Education' is derived from—
   a) Educarum
   b) Educere ☑
   c) Edusum
   d) Educasta
2. "Education is the reconstruction of experience" — is defined by:
   a) Plato
   b) Gandhi
   c) Dewey ☑
   d) Rousseau

शिक्षा वह प्रक्रिया है जो व्यक्ति के ज्ञान, कौशल, नैतिकता और सामाजिक उत्तरदायित्व को विकसित करती है। इसका उद्देश्य केवल ज्ञान प्रदान करना नहीं, बल्कि संपूर्ण व्यक्तित्व का निर्माण करना है।

Education is a process that develops an individual's intellect, morality, skills, and social responsibilities. The aim is not just information transmission, but the complete development of personality.

अध्याय 3: दर्शन और शिक्षा का अंतरसंबंध
Interrelation between Philosophy and Education

3.1 परिचय (Introduction)

दर्शन और शिक्षा का संबंध आत्मा और शरीर के समान है। यदि शिक्षा को क्रियात्मक पक्ष माना जाए तो दर्शन उसका सिद्धांतात्मक आधार है। शिक्षा, दर्शन की प्रयोगशाला है, जहाँ दर्शन के सिद्धांतों को व्यवहार में लाया जाता है।

Philosophy and education are closely interrelated like soul and body. If education is the **practical aspect**, then philosophy is the **theoretical foundation**. Education is the dynamic application of philosophical thought.

3.2 दर्शन और शिक्षा का परस्पर संबंध (Mutual Relationship between Philosophy and Education)

दर्शन (Philosophy)	शिक्षा (Education)
विचार, उद्देश्य और आदश की स्थापना करता है	उन विचारों और उद्देश्यों को व्यवहार में लाता है
मूल्य प्रणाली को निर्धारित करता है	उन मूल्यों को छात्रों में विकसित करता है
मानव जीवन की परिभाषा और लक्ष्य स्पष्ट करता है	मानव विकास की दिशा प्रदान करता है
वास्तविकता की खोज करता है	यथार्थ आधारित शिक्षण का संचालन करता है
ज्ञान की अवधारणा का निर्धारण करता है	ज्ञान को प्रसारित करने की प्रणाली विकसित करता है

3.3 दर्शन शिक्षा को कैसे प्रभावित करता है?

How Philosophy Influences Education?

क्षेत्र (Area)	दर्शन का प्रभाव (Philosophical Influence)
शिक्षा के उद्देश्य	शिक्षा किस ओर अग्रसर हो, यह दर्शन तय करता है
पाठ्यक्रम	किस प्रकार का ज्ञान आवश्यक है, यह दर्शन निर्धारित करता है
शिक्षण विधियाँ	शिक्षण में कौन-सी विधियाँ उपयुक्त होंगी, यह दर्शन तय करता है
शिक्षक की भूमिका	शिक्षक को मार्गदर्शक, मित्र, दार्शनिक कैसे होना चाहिए, यह दर्शन से आता है
विद्यार्थी की प्रकृति	दर्शन मानव प्रकृति को समझने में सहायक होता है, जिससे शैक्षिक गतिविधियाँ तय होती हैं
विद्यालय का स्वरूप	विद्यालय को किस प्रकार सामाजिक संस्था बनाया जाए, यह दार्शनिक दृष्टिकोण तय करता है

Philosophy guides education in terms of:

- **Aims of education** (Idealism → self-realization, Pragmatism → growth)
- **Curriculum** (Realism → scientific, Idealism → spiritual & moral)
- **Teaching methods** (Pragmatism → learning by doing, Naturalism → free growth)
- **Teacher's role** (as guide, facilitator)
- **Student's nature** (philosophical anthropology)

- **School as a society in miniature** (as per Dewey)

3.4 शिक्षा का दर्शन पर प्रभाव (How Education Influences Philosophy)

- शिक्षा दर्शन को प्रयोगात्मक आधार प्रदान करती है।
- शिक्षा के माध्यम से दर्शन के सिद्धांतों का मूल्यांकन होता है।
- दर्शन की मान्यताओं का व्यवहारिक परीक्षण शिक्षण प्रक्रिया के माध्यम से संभव होता है।
- शिक्षा समाज में दर्शन के प्रसार का माध्यम है।

- Education tests and validates philosophical principles.
- Education applies abstract philosophy to real-life situations.
- Through education, philosophical ideas are propagated and refined.
- It gives **practical shape** to **theoretical thought.**

3.5 विभिन्न दार्शनिक दृष्टिकोणों का शैक्षिक प्रभाव (Educational Influence of Major Philosophies)

दर्शन (Philosophy)	उद्देश्य (Aim)	पाठ्यक्रम (Curriculum)	विधियाँ (Methods)
आदर्शवाद (Idealism)	आत्मा और चरित्र निर्माण	साहित्य, नैतिक शिक्षा	भाषण, प्रश्नोत्तर, संवाद
यथार्थवाद (Realism)	वस्तुनिष्ठ ज्ञान	विज्ञान, गणित	प्रयोगात्मक विधियाँ
प्राकृतिकवाद	प्राकृतिक	अनुभव आधारित	स्वतंत्र अधिगम

(Naturalism)	विकास		
प्रायोगिकवाद (Pragmatism)	अनुभव व प्रयोग	समाजोपयोगी ज्ञान	कार्य आधारित अधिगम
वस्तुवाद (Existentialism)	स्वतंत्रता और उत्तरदायित्व	वैयक्तिक रूचि पर आधारित	वैयक्तिक अन्वेषण

3.6 शिक्षा और दर्शन की समानताएँ और भिन्नताएँ (Similarities and Differences)

बिंदु	समानताएँ (Similarities)	भिन्नताएँ (Differences)
उद्देश्य	दोनों मानव विकास हेतु	दर्शन → उद्देश्य निर्धारित करता है, शिक्षा → उद्देश्य को प्राप्त करती है
प्रक्रिया	चिंतन और कार्य	दर्शन → अमूर्त चिंतन, शिक्षा → व्यावहारिक कार्य
विषय	मूल्य, आत्मा, समाज	दर्शन → व्यापक दृष्टिकोण, शिक्षा → क्रियात्मक दृष्टिकोण

महत्त्वपूर्ण विचार (Key Reflections)

- "दर्शन के बिना शिक्षा अंधी है और शिक्षा के बिना दर्शन अपंग।"
  Education without philosophy is blind, and philosophy without education is crippled. — **John Dewey**

महत्वपूर्ण शब्द / Key Terms

- अंतरसंबंध (Interrelation)

- उद्देश्य निर्धारण (Aim Determination)
- पाठ्यक्रम (Curriculum)
- शैक्षिक विधियाँ (Pedagogy)
- दार्शनिक दृष्टिकोण (Philosophical Perspective)
- मूल्य (Values)

अभ्यास प्रश्न / Practice Questions

वर्णात्मक प्रश्न (Descriptive)

1. दर्शन और शिक्षा के अंतरसंबंध पर विस्तृत टिप्पणी कीजिए।
   Discuss the interrelation between philosophy and education in detail.
2. विभिन्न दार्शनिक दृष्टिकोणों के शिक्षा पर प्रभाव की विवेचना कीजिए।
   Explain the educational implications of various philosophies.
3. "दर्शन शिक्षा को दिशा देता है और शिक्षा दर्शन को गतिशीलता" — स्पष्ट कीजिए।
   Explain: "Philosophy gives direction to education, and education gives dynamism to philosophy."

वस्तुनिष्ठ प्रश्न (MCQs)

1. “Philosophy without education is crippled, and education without philosophy is blind” — is quoted by:
   a) Kant
   b) Dewey ✅

c) Plato

d) Spencer

2. Which philosophy emphasizes "learning by doing"?

a) Idealism

b) Naturalism

c) Pragmatism ✓

d) Existentialism

शिक्षा और दर्शन का संबंध अत्यंत घनिष्ठ है। दर्शन, शिक्षा की आत्मा है जो उद्देश्य, पद्धति और मूल्य प्रदान करता है जबकि शिक्षा दर्शन को जीवंतता प्रदान करती है।

Philosophy and education are inseparable. Philosophy provides aims, principles, and vision; education brings them to life through practice.

अध्याय 4: शैक्षिक दर्शन की अवधारणा एवं कार्य

Concept and Functions of Educational Philosophy

4.1 शैक्षिक दर्शन की अवधारणा

Concept of Educational Philosophy

शैक्षिक दर्शन, दर्शन की वह शाखा है जो **शिक्षा के उद्देश्यों, विधियों, पाठ्यक्रम, शिक्षक-विद्यार्थी संबंध और मूल्यों** की अवधारणाओं की व्याख्या करता है। यह यह निर्धारित करता है कि हमें क्या पढ़ाना चाहिए, क्यों पढ़ाना चाहिए, कैसे पढ़ाना चाहिए और किस उद्देश्य से पढ़ाना चाहिए।

Educational Philosophy is a branch of philosophy that applies philosophical methods and perspectives to understand and guide educational theory and practice.

It answers:

- 👉 What to teach?
- 👉 Why to teach?
- 👉 How to teach?
- 👉 For what purpose to teach?

परिभाषाएँ (Definitions):

विचारक / Thinker	परिभाषा / Definition
Ross	"Educational philosophy is the application of philosophy to the field of education."
J.S. Brubacher	"Philosophy of education is not a separate branch of philosophy; it is a method of philosophizing

	about educational problems."
John Dewey	"Philosophy is the theory of education in its most general phases."
Kneller	"Educational philosophy is the reflective examination of educational issues and problems."

4.2 शैक्षिक दर्शन की आवश्यकता (Need for Educational Philosophy)

हिंदी में (Points)	English Translation
शिक्षा की दिशा निर्धारित करने के लिए	To determine the direction of education
उद्देश्य निर्धारण हेतु	For defining the aims of education
पाठ्यक्रम निर्धारण के लिए	For designing the curriculum
शिक्षण विधियों के चयन हेतु	For selecting appropriate teaching methods
मूल्यों को स्पष्ट करने के लिए	For value clarification
शिक्षकों और विद्यार्थियों की भूमिका तय करने हेतु	To define the roles of teachers and learners

4.3 शैक्षिक दर्शन के प्रमुख कार्य

Major Functions of Educational Philosophy

1. उद्देश्य निर्धारण का कार्य (Function of Determining Aims)

शैक्षिक दर्शन यह स्पष्ट करता है कि शिक्षा किस दिशा में अग्रसर हो — आत्मा की शुद्धि (आदर्शवाद), समाज सेवा (प्रगमवाद), वैज्ञानिक दृष्टिकोण (यथार्थवाद) आदि।

It defines the ultimate purpose of education based on philosophical standpoints.

2. पाठ्यक्रम निर्धारण का कार्य (Function of Curriculum Framing)

विभिन्न दार्शनिक विचारधाराएँ पाठ्यक्रम को प्रभावित करती हैं:

- आदर्शवाद – नैतिक व आध्यात्मिक विषय
- यथार्थवाद – विज्ञान, गणित
- प्राकृतिकवाद – प्रकृति व अनुभव आधारित विषय
- प्रायोगिकवाद – सामाजिक उपयोगिता आधारित विषय

Philosophy decides what knowledge is of most worth.

3. शिक्षण विधियों का निर्धारण (Determining Teaching Methods)

- आदर्शवाद → भाषण, चर्चा, शास्त्रार्थ
- प्रगमवाद → प्रोजेक्ट विधि, क्रियात्मक अधिगम
- प्राकृतिकवाद → स्वाभाविक गतिविधियाँ

Philosophy influences pedagogical choices.

4. शिक्षक एवं विद्यार्थी की भूमिका निर्धारण (Role Determination)

दार्शनिक दृष्टिकोण	शिक्षक की भूमिका	विद्यार्थी की भूमिका

आदर्शवाद	मार्गदर्शक, गुरु	अनुशासित साधक
प्रगमवाद	सहायक, साथी	सक्रिय खोजकर्ता
प्राकृतिकवाद	निरीक्षक, अवलोकक	स्वतंत्र विकासक

5. मूल्य-निर्धारण (Value Clarification)

शिक्षा में नैतिक, सामाजिक, आध्यात्मिक, लोकतांत्रिक मूल्यों को किस स्तर तक समाहित किया जाए, यह शैक्षिक दर्शन द्वारा तय होता है।

Educational philosophy helps in value education and character building.

6. शिक्षा में नवाचार का मार्गदर्शन (Guidance for Educational Innovations)

NEP 2020 जैसे परिवर्तनों का आधार भी शैक्षिक दर्शन में निहित होता है। यह समाज की बदलती आवश्यकताओं के अनुसार शिक्षा को उन्नत करने की प्रेरणा देता है।

Philosophy fosters critical thinking and innovative reforms in education.

4.4 शैक्षिक दर्शन और राष्ट्रीय शिक्षा नीति (Educational Philosophy & NEP 2020)

सिद्धांत / Principle	NEP 2020 में प्रयोग / Application
समग्र विकास (Holistic	बहु-विषयक पाठ्यक्रम, कौशल आधारित शिक्षा

development)	
मूल्य शिक्षा (Value Education)	नैतिकता, संवैधानिक मूल्यों पर बल
नवाचार (Innovation)	शिक्षण में प्रौद्योगिकी और AI का समावेश
व्यावसायिकता (Vocationalism)	व्यावसायिक शिक्षा का एकीकरण
समावेशी दृष्टिकोण (Inclusiveness)	सभी वग के लिए शिक्षा की समानता

4.5 शैक्षिक दर्शन की सीमाएँ (Limitations of Educational Philosophy)

क्रम	सीमाएँ (Limitations)
1.	अत्यधिक सैद्धांतिकता से व्यावहारिक कठिनाइयाँ
2.	सभी छात्रों पर समान रूप से लागू नहीं हो सकती
3.	बदलते समाज में स्थायी मान्यताएँ लागू नहीं रहती
4.	मूल्य निरपेक्ष शिक्षा की आवश्यकता पर प्रश्न

महत्त्वपूर्ण कथन (Important Quotes)

"Philosophy is a silent partner of education." – **John Dewey**
"Without philosophy, education would be a blind effort." – **Ross**

महत्वपूर्ण शब्द / Key Terms

- उद्देश्य निर्धारण (Aim formulation)

- पाठ्यक्रम (Curriculum)
- शिक्षण विधियाँ (Teaching Methods)
- मूल्य शिक्षा (Value Education)
- शिक्षक-विद्यार्थी संबंध (Teacher-Student Relationship)
- नवाचार (Innovation)

अभ्यास प्रश्न / Practice Questions

वर्णात्मक प्रश्न (Descriptive Questions)

1. शैक्षिक दर्शन की अवधारणा एवं आवश्यकता की व्याख्या कीजिए।
   Explain the concept and need of Educational Philosophy.
2. शैक्षिक दर्शन के प्रमुख काय की विवेचना कीजिए।
   Discuss the main functions of Educational Philosophy.
3. शैक्षिक दर्शन के आधार पर शिक्षण विधियों में विविधता कैसे आती है?
   How does Educational Philosophy influence variety in teaching methods?

वस्तुनिष्ठ प्रश्न (MCQs)

1. "Educational Philosophy is the application of philosophy to the field of education" – यह कथन किसका है?
   a) John Dewey
   b) Ross ✓
   c) Brubacher
   d) Kant

2. Which function is *not* directly related to educational philosophy?

   a) Framing aims of education

   b) Designing school buildings ☑

   c) Choosing teaching methods

   d) Value clarification

शैक्षिक दर्शन शिक्षा की नींव है जो उसके उद्देश्य, पाठ्यक्रम, विधियों और मूल्यों की दिशा निर्धारित करता है। यह शिक्षा को व्यावहारिक, नैतिक और समाजोपयोगी बनाता है।

Educational philosophy is the backbone of education. It shapes the purpose, methods, content, and values of the educational process and ensures education remains socially relevant and ethically grounded.

खंड 2: ज्ञानमीमांसा और शिक्षा

Section 2: Epistemology and Education

अध्याय 5: ज्ञानमीमांसा का अर्थ एवं महत्व

Meaning and Importance of Epistemology

5.1 ज्ञानमीमांसा की परिभाषा (Definition of Epistemology)

ज्ञानमीमांसा दर्शन की वह शाखा है जो **ज्ञान की प्रकृति, स्रोत, सीमा और वैधता** का अध्ययन करती है। यह यह जानने का प्रयास करती है कि ज्ञान क्या है, हमें कैसे प्राप्त होता है, और उसका औचित्य क्या है।

Epistemology is a branch of philosophy that investigates the **nature, origin, sources, limits, and justification of knowledge**. It deals with questions like:

- What is knowledge?
- How is it acquired?
- What are its limits?
- How can we validate knowledge?

परिभाषाएँ (Definitions):

दार्शनिक / Philosopher	परिभाषा / Definition
Plato	"Knowledge is justified true belief."
Immanuel Kant	"Epistemology is the inquiry into the possibility of knowledge."
J.S. Brubacher	"Epistemology is the theory of knowledge which explains how and what we know."

5.2 ज्ञानमीमांसा के प्रमुख प्रश्न (Major Questions of Epistemology)

प्रश्न (Question)	अर्थ (Meaning)
ज्ञान क्या है?	What constitutes knowledge?
ज्ञान की उत्पत्ति कैसे होती है?	What are the sources of knowledge?
क्या ज्ञान विश्वसनीय है?	How valid or true is the knowledge?
क्या ज्ञान सार्वभौमिक होता है?	Is knowledge universal or relative?
ज्ञान की सीमाएँ क्या हैं?	What are the limits of human knowledge?

5.3 ज्ञान के स्रोत (Sources of Knowledge)

स्रोत / Source	विवरण / Description
प्रत्यक्ष (Perception)	इंद्रियों के माध्यम से प्राप्त ज्ञान (Sense experience)
अनुमान (Inference)	तर्क और विश्लेषण द्वारा ज्ञान प्राप्त करना
शब्द / प्रमाण (Authority/Testimony)	योग्य व्यक्तियों या ग्रंथों से प्राप्त ज्ञान
उपमान (Comparison)	तुलनात्मक अनुभव के द्वारा ज्ञान
आप्त वाक्य / श्रद्धा (Scriptural authority)	धार्मिक या पारंपरिक स्रोतों से प्राप्त ज्ञान

5.4 ज्ञानमीमांसा का शैक्षिक महत्व (Educational Importance of Epistemology)

क्षेत्र (Area)	योगदान (Contribution)
शिक्षण की प्रकृति	यह तय करता है कि क्या सिखाया जाना चाहिए और कैसे सिखाया जाए
ज्ञान की वैधता	छात्रों को तर्क और विवेक से ज्ञान की परीक्षा करना सिखाता है
ज्ञान का निर्माण	अधिगम केवल जानकारी ग्रहण करना नहीं, बल्कि ज्ञान का निर्माण है
शोध में योगदान	अनुसंधान में ज्ञान के स्रोतों, औचित्य और प्रमाण की समझ
नवाचार की प्रेरणा	नए विचारों को स्वीकारने की दार्शनिक दृष्टि देता है

Classroom Implications (कक्षा में प्रयोग):

- **Inquiry-Based Learning** का आधार
- **Critical Thinking** और **Reflective Practice** को प्रोत्साहन
- छात्रों में "Why" और "How do we know?" जैसे प्रश्नों को जन्म देना
- सृजनात्मक अधिगम (Constructivism) के सिद्धांतों में योगदान

5.5 शिक्षा में ज्ञानमीमांसा की भूमिका (Role of Epistemology in Education)

क्र.	भूमिका / Role
1.	ज्ञान की स्पष्ट परिभाषा प्रदान करती है
2.	शिक्षण विधियों का वैज्ञानिक आधार प्रदान करती है
3.	शिक्षक के दृष्टिकोण को तर्कसंगत बनाती है
4.	छात्रों के लिए विवेकपूर्ण अधिगम का आधार रखती है

5.	पाठ्यक्रम के चुनाव में मार्गदर्शन करती है

5.6 भारतीय और पाश्चात्य दृष्टिकोण (Indian vs Western Views)

बिंदु / Aspect	भारतीय दृष्टिकोण (Indian View)	पाश्चात्य दृष्टिकोण (Western View)
ज्ञान के स्रोत	प्रत्यक्ष, अनुमान, उपमान, शब्द	अनुभववाद, तर्कवाद, प्रत्ययवाद
अंतिम सत्य	आत्मा और ब्रह्म की एकता	यथार्थ की खोज और तर्क की प्रधानता
दृष्टिकोण	आध्यात्मिक व सांस्कृतिक	वैज्ञानिक व विश्लेषणात्मक
प्रमुख दार्शनिक	गौतम, शंकराचार्य, रामानुज	प्लेटो, कांट, लॉक, ह्यूम

महत्त्वपूर्ण कथन (Important Quotes)

"To teach is to learn twice." — **Joseph Joubert**
"Knowledge is power." — **Francis Bacon**
"Epistemology helps us to know how we know what we know." — **Unknown**

महत्त्वपूर्ण शब्द / Key Terms

- ज्ञानमीमांसा (Epistemology)

- ज्ञान की प्रकृति (Nature of Knowledge)
- ज्ञान के स्रोत (Sources of Knowledge)
- तर्क और विवेक (Reason and Logic)
- प्रत्ययवाद (Rationalism)
- अनुभववाद (Empiricism)

अभ्यास प्रश्न / Practice Questions

वर्णात्मक प्रश्न (Descriptive Questions)

1. ज्ञानमीमांसा की परिभाषा और शैक्षिक महत्व की विवेचना कीजिए।
   Explain the meaning and educational importance of Epistemology.
2. ज्ञान के प्रमुख स्रोतों का विवरण दीजिए।
   Describe the major sources of knowledge as per epistemology.
3. ज्ञानमीमांसा के विभिन्न प्रश्नों की समीक्षा कीजिए।
   Review the key questions addressed in epistemology.

वस्तुनिष्ठ प्रश्न (MCQs)

1. "Knowledge is justified true belief." — यह कथन किसका है?
   a) Kant
   b) Plato ✅
   c) Dewey
   d) Aristotle

2. Which of the following is **not** a traditional source of knowledge in Indian philosophy?
   a) Perception
   b) Inference
   c) Imagination ☑
   d) Comparison

ज्ञानमीमांसा न केवल यह समझने में सहायता करती है कि हम क्या जानते हैं, बल्कि यह भी कि हम उसे कैसे जानते हैं। यह शिक्षा को वैज्ञानिक, तार्किक और वैध बनाती है।

Epistemology sharpens our understanding of knowledge acquisition. It strengthens the foundation of education by making teaching and learning more meaningful, justified, and critically grounded.

अध्याय 6: विश्लेषणात्मक, द्वंद्वात्मक और वैज्ञानिक दृष्टिकोण से ज्ञान प्राप्ति की विधियाँ

Methods of Acquiring Valid Knowledge: Analytical, Dialectical, and Scientific Approaches

6.1 ज्ञान प्राप्ति की आवश्यकता (Need for Methods of Acquiring Knowledge)

ज्ञान प्राप्ति की विधियाँ यह तय करती हैं कि व्यक्ति किस प्रक्रिया से तर्कसंगत, प्रमाणिक और मान्य ज्ञान तक पहुँच सकता है। ये विधियाँ शिक्षा, शोध और जीवन व्यवहार में विवेकपूर्ण निर्णय की नींव हैं।

Methods of acquiring knowledge help determine the logical, valid, and authentic ways through which knowledge can be attained. These methods are foundational to education, research, and rational decision-making.

6.2 1 विश्लेषणात्मक दृष्टिकोण (Analytical Method)

It refers to the method of **breaking down complex ideas or phenomena** into simpler parts to understand their structure, meaning, and interrelationships.

विशेषताएँ / Features:

- तत्वों का विश्लेषण (Element-wise breakdown)
- स्पष्टता एवं तार्किकता की माँग
- व्याख्यात्मक एवं विवेचनात्मक दृष्टिकोण
- तर्क पर आधारित निष्कर्ष

उदाहरण / Example:

शिक्षा की अवधारणा को यदि हम उद्देश्य, प्रक्रिया, साधन, मूल्य और परिणामों के आधार पर विश्लेषित करें — यह विश्लेषणात्मक दृष्टिकोण है।

शिक्षा में उपयोग / Educational Use:

- पाठ विश्लेषण (Text analysis)
- दार्शनिक अवधारणाओं की व्याख्या
- अनुसंधान विषयों का गहन अध्ययन
- अवधारणात्मक स्पष्टता

6.3 2 द्वंद्वात्मक दृष्टिकोण (Dialectical Method)

Definition:

It refers to a method of acquiring knowledge by **dialogue between opposing ideas** (thesis and antithesis), leading to a new understanding (synthesis).

विशेषताएँ / Features:

- विरोधी विचारों में संवाद
- तर्क और प्रतितर्क की प्रक्रिया
- सतत प्रश्नोत्तरी और संश्लेषण
- सत्य की खोज विकासात्मक प्रक्रिया के रूप में

प्राचीन दृष्टांत / Ancient Examples:

- **गौतम बुद्ध के संवाद**
- **सॉक्रेटीस की संवाद विधि (Socratic Method)**
- **हेगेल का द्वंद्ववाद** – Thesis → Antithesis → Synthesis

शिक्षा में उपयोग / Educational Use:

- चर्चा आधारित शिक्षण
- बहुसंवादी कक्षाएँ (Dialogical classrooms)
- नैतिक शिक्षा में विवाद समाधान
- आलोचनात्मक चिंतन और सोच

6.4 3 वैज्ञानिक दृष्टिकोण (Scientific Method)

A **systematic and empirical approach** to gain knowledge based on observation, hypothesis, experimentation, and conclusion.

Steps of Scientific Method (विज्ञान की चरणबद्ध विधि):

1. **परिकल्पना निर्माण (Formulation of Hypothesis)**
2. **प्रेक्षण (Observation)**
3. **प्रयोग (Experimentation)**
4. **तथ्य संग्रह (Data Collection)**
5. **विश्लेषण एवं निष्कर्ष (Analysis and Conclusion)**
6. **सत्यापन (Verification)**

विशेषताएँ / Features:

- उद्देश्यपूर्ण और तटस्थता
- पुनरावृत्ति और सत्यापन

- निष्पक्ष तथ्यों पर आधारित
- अनुभव और प्रमाण की प्रधानता

शिक्षा में प्रयोग / Educational Use:

- विज्ञान और समाज विज्ञान में अनुसंधान
- अधिगम मूल्यांकन
- शिक्षण की प्रभावशीलता का परीक्षण
- साक्ष्य आधारित शिक्षण

6.5 तीनों दृष्टिकोणों की तुलना (Comparison Table)

बिंदु / Aspect	विश्लेषणात्मक (Analytical)	द्वंद्वात्मक (Dialectical)	वैज्ञानिक (Scientific)
प्रक्रिया का स्वरूप	मानसिक / वैचारिक	संवादात्मक / प्रश्नोत्तरी	प्रायोगिक / अनुभवजन्य
उद्देश्य	स्पष्टता और गहराई	संश्लेषण और विकास	निष्कर्ष और भविष्यवाणी
आधार	तर्क, भाषा और विचार	विरोध, संवाद, तर्क	अवलोकन, प्रयोग, डेटा
शिक्षा में उपयोग	अवधारणाओं की व्याख्या	संवाद और नैतिक शिक्षा	शोध और प्रमाण आधारित शिक्षण

6.6 शिक्षा में इन विधियों का महत्व (Importance in Education)

क्रम	योगदान / Educational Relevance
1.	छात्रों की **आलोचनात्मक सोच** का विकास

2.	जटिल समस्याओं का **संगठित विश्लेषण**
3.	बहु-दृष्टिकोण से विषयों को समझने की क्षमता
4.	शिक्षकों के लिए अनुसंधान व कक्षा नवाचार में सहायक
5.	मूल्य आधारित और प्रमाण आधारित शिक्षण को बढ़ावा

महत्त्वपूर्ण कथन (Important Quotes)

"Dialectics is the art of investigating or discussing the truth of opinions." — ***Plato***

"The scientific method is the only known way to approach the truth." — ***Karl Popper***

"Analysis leads to clarity, clarity leads to understanding." — ***Unknown***

महत्त्वपूर्ण शब्द / Key Terms

- विश्लेषण (Analysis)
- द्वंद्ववाद (Dialectics)
- संवाद (Dialogue)
- प्रयोग (Experiment)
- परिकल्पना (Hypothesis)
- संश्लेषण (Synthesis)
- विवेकपूर्ण अधिगम (Rational Learning)

अभ्यास प्रश्न / Practice Questions

वर्णात्मक प्रश्न (Descriptive Questions)

1. ज्ञान प्राप्ति के विश्लेषणात्मक दृष्टिकोण की विशेषताओं का वर्णन कीजिए।
   Explain the features of analytical method of acquiring knowledge.
2. द्वंद्वात्मक पद्धति की प्रक्रिया और शैक्षिक उपयोग की विवेचना कीजिए।
   Discuss the process and educational uses of dialectical method.
3. वैज्ञानिक दृष्टिकोण द्वारा ज्ञान प्राप्ति के चरणों की व्याख्या कीजिए।
   Describe the steps involved in acquiring knowledge through the scientific method.
4. तीनों दृष्टिकोणों की तुलनात्मक विवेचना कीजिए।
   Compare analytical, dialectical, and scientific approaches.

वस्तुनिष्ठ प्रश्न (MCQs)

1. द्वंद्वात्मक दृष्टिकोण में ज्ञान प्राप्ति का प्रमुख साधन है –
   a) प्रयोग
   b) अनुभव
   c) संवाद ✅
   d) विश्लेषण
2. Which of the following is **not** a step in the scientific method?
   a) Observation
   b) Hypothesis

c) Guesswork ☑

d) Experiment

ज्ञान प्राप्ति की विभिन्न विधियाँ व्यक्ति को गहन, संवादात्मक और प्रायोगिक ढंग से सत्य तक पहुँचने में सहायता करती हैं। शिक्षण में इन विधियों का प्रयोग छात्रों को विवेकशील, संश्लेषणात्मक और खोजपरक बनाता है।

Different methods of acquiring knowledge—analytical, dialectical, and scientific—equip learners with clarity, critical thinking, and evidence-based reasoning. These approaches are crucial for modern, reflective, and research-driven education.

अध्याय 7: तर्क, अनुभव, अंतर्दृष्टि एवं प्रामाण्यता की संकल्पनाएँ
Reason, Experience, Intuition and Validity of Knowledge

7.1 परिचय / Introduction

ज्ञान की प्राप्ति और मूल्यांकन में जिन प्रमुख माध्यमों की भूमिका है, वे हैं: **तर्क (reason), अनुभव (experience), अंतर्दृष्टि (intuition), और प्रामाण्यता (validity)**। इन चारों संकल्पनाओं को समझे बिना शिक्षा और दर्शन में ज्ञान की चर्चा अधूरी रहती है।

In epistemology and education, understanding how knowledge is acquired and validated requires analyzing the concepts of **reason, experience, intuition, and validity**. These are fundamental pillars in the theory of knowledge.

7.2 तर्क (Reason)

तर्क वह प्रक्रिया है जिसके माध्यम से व्यक्ति **सोचने, विश्लेषण करने और निष्कर्ष निकालने** की क्षमता का उपयोग करता है।

Reason is the mental process of **logical thinking, analyzing facts**, and drawing **conclusions** based on given premises.

विशेषताएँ / Features:

- विवेकशील और तार्किक आधार
- कारण और परिणाम की समझ
- विचारों का अनुक्रमिक विश्लेषण

शैक्षिक उपयोग / Educational Use:

- गणित, तर्कशास्त्र और दर्शन शिक्षण में
- आलोचनात्मक चिंतन (Critical thinking)
- निर्णयन (Decision-making) में सहायक

7.3 अनुभव (Experience)

परिभाषा / Definition:

अनुभव का तात्पर्य है इंद्रियों या प्रत्यक्ष ज्ञान के माध्यम से प्राप्त अनुभव। यह व्यक्ति के व्यक्तिगत या पर्यवेक्षणात्मक संपर्क से उत्पन्न होता है।

Experience refers to knowledge gained through **direct sensory interaction or observation**.

विशेषताएँ / Features:

- प्रत्यक्ष और व्यावहारिक
- अनुभवजन्य प्रमाणों पर आधारित
- शिक्षण में प्रयोगात्मक दृष्टिकोण का समर्थन

शैक्षिक उपयोग / Educational Use:

- प्रयोगात्मक अधिगम (Experiential Learning)
- विज्ञान और सामाजिक विज्ञान शिक्षण
- क्षेत्र भ्रमण (Field visits), प्रयोगशाला कार्य

7.4 अंतर्दृष्टि (Intuition)

अंतर्दृष्टि एक ऐसी संज्ञानात्मक प्रक्रिया है जिसमें व्यक्ति बिना किसी स्पष्ट तर्क या अनुभव के **तत्काल और गहन ज्ञान** प्राप्त करता है।

Intuition is the immediate understanding or insight **without conscious reasoning or sensory evidence**.

विशेषताएँ / Features:

- आभ्यंतर और सहज ज्ञान
- तात्कालिक और पूर्ण बोध
- अनुभव या तर्क की अपेक्षा रहित

उदाहरण / Examples:

- कवि को कविता की पंक्ति की अन्तर्दृष्टि
- वैज्ञानिक को अचानक कोई सूत्र याद आ जाना
- ध्यान (Meditation) में उत्पन्न बोध

शैक्षिक उपयोग / Educational Use:

- रचनात्मक लेखन, कला, नैतिक शिक्षा
- योग, ध्यान आधारित शिक्षा
- आत्मबोध और आत्ममूल्यांकन

7.5 प्रामाण्यता (Validity of Knowledge)

परिभाषा / Definition:

प्रामाण्यता का अर्थ है किसी ज्ञान का **सत्य, तार्किक और विश्वसनीय** होना। यह यह दर्शाता है कि ज्ञान कितना प्रमाणिक और मान्य है।

Validity refers to the **truthfulness, logical consistency, and credibility** of knowledge.

ज्ञान की प्रामाण्यता के मापदंड / Criteria for Validity:

मापदंड / Criterion	विवरण / Description
तर्क संगतता	Is the knowledge logically consistent?
अनुभवजन्यता	Can it be verified through experience?
व्यापकता	Is it generalizable and universally applicable?
संगति	Does it agree with existing accepted knowledge?

शैक्षिक उपयोग / Educational Use:

- अनुसंधान के निष्कष की प्रमाणिकता
- पाठ्य सामग्री का मूल्यांकन
- पाठ योजनाओं में उद्देश्य और परिणाम की संगति

7.6 सभी संकल्पनाओं की तुलना (Comparison of Concepts)

तत्व / Concept	तर्क (Reason)	अनुभव (Experience)	अंतर्दृष्टि (Intuition)	प्रामाण्यता (Validity)
आधार	तर्कशक्ति	इंद्रिय अनुभव	आत्मसाक्षात्कार	परीक्षण और मूल्यांकन
प्रक्रिया	विश्लेषणात्मक	प्रत्यक्ष	सहज ज्ञान	सैद्धांतिक

		अवलोकन		एवं व्यावहारिक जाँच
प्रमाणिकता	सशक्त लेकिन अनुभव रहित	व्यावहारिक लेकिन सीमित	व्यक्तिगत और अप्रमाण्य	सभी का योगात्मक मूल्यांकन

7.7 शिक्षा में इन संकल्पनाओं का महत्व

Importance of These Concepts in Education

- **तर्क** छात्रों को विचारशील बनाता है
- **अनुभव** अधिगम को जीवन से जोड़ता है
- **अंतर्दृष्टि** रचनात्मकता और आत्मबोध को जन्म देती है
- **प्रामाण्यता** शिक्षा की गुणवत्ता और विश्वसनीयता की पुष्टि करती है

महत्त्वपूर्ण कथन / Quotes

"Reason is the natural order of truth; but imagination is the organ of meaning." — ***C.S. Lewis***

"Experience is the teacher of all things." — ***Julius Caesar***

"Intuition is seeing with the soul." — ***Dean Koontz***

महत्त्वपूर्ण शब्द / Key Terms

- Logic (तर्क)
- Empiricism (अनुभववाद)
- Intuition (अंतःप्रज्ञा / अंतर्दृष्टि)
- Validity (प्रामाण्यता)
- Rationality, Experience, Conscious Insight

अभ्यास प्रश्न / Practice Questions

वर्णात्मक प्रश्न (Descriptive Questions)

1. तर्क, अनुभव और अंतर्दृष्टि के माध्यम से ज्ञान प्राप्ति की तुलना कीजिए।
2. शिक्षा में प्रामाण्यता की भूमिका का विश्लेषण कीजिए।
3. अनुभव और तर्क आधारित अधिगम में अंतर स्पष्ट कीजिए।

वस्तुनिष्ठ प्रश्न (MCQs)

1. "Intuition is immediate knowledge without reasoning" — यह कथन किसका है?
   a) Plato
   b) Descartes
   c) Bergson ☑
   d) Locke
2. Valid knowledge must be:
   a) Logical
   b) Experiential
   c) Consistent
   d) All of the above ☑

ज्ञान के चार आधार – **तर्क, अनुभव, अंतर्दृष्टि और प्रामाण्यता** – न केवल अधिगम को गहराई प्रदान करते हैं, बल्कि शिक्षा को तर्कसंगत, अनुभवसिद्ध, रचनात्मक और मान्य भी बनाते हैं।

The four key bases of knowledge—**reason, experience, intuition, and validity**—enhance the learning process by making it more logical, experiential, creative and credible.

खंड 3: राष्ट्रीय मूल्य और शिक्षा
National Values and Education

अध्याय 8: भारतीय संविधान में निहित राष्ट्रीय मूल्य
National Values Enshrined in the Indian Constitution

8.1 परिचय / Introduction

भारतीय संविधान न केवल एक विधिक दस्तावेज है, बल्कि यह **राष्ट्रीय मूल्यों (National Values)** का भी सर्वोच्च स्रोत है। यह भारत की सामाजिक, सांस्कृतिक और नैतिक चेतना को प्रतिबिंबित करता है। संविधान के उद्देशिका, मूल अधिकारों, नीति निदेशक तत्त्वों और मौलिक कर्तव्यों में इन मूल्यों का स्पष्ट उल्लेख मिलता है।

The Indian Constitution is not just a legal document, but a **repository of national values**. It reflects India's moral, cultural, and social aspirations. These values are embedded in the **Preamble**, **Fundamental Rights**, **Directive Principles of State Policy**, and **Fundamental Duties**.

8.2 राष्ट्रीय मूल्य की परिभाषा / Definition of National Values

राष्ट्रीय मूल्य वे आदर्श, नैतिकताएं और सिद्धांत हैं जो किसी राष्ट्र की पहचान, एकता, सामाजिक न्याय और शांति को बनाए रखते हैं।

National values are the **ethical ideals, principles, and goals** that shape the **identity, unity, justice, and harmony** of a nation.

8.3 संविधान की उद्देशिका में निहित मूल्य / Values in the Preamble

मूल्य / Value	अर्थ / Meaning
सार्वभौमत्व (Sovereignty)	स्वतंत्र और आत्मनिर्भर भारत
समाजवाद (Socialism)	संसाधनों का न्यायपूर्ण वितरण
पंथनिरपेक्षता (Secularism)	सभी धम के प्रति समान दृष्टिकोण
लोकतंत्र (Democracy)	जनता की संप्रभुता
गणराज्य (Republic)	निर्वाचित राष्ट्रपति द्वारा शासन
न्याय (Justice)	सामाजिक, आर्थिक और राजनीतिक
स्वतंत्रता (Liberty)	विचार, अभिव्यक्ति, आस्था और पूजा की स्वतंत्रता
समता (Equality)	अवसरों की समानता
बंधुत्व (Fraternity)	एकता और अखंडता की भावना

8.4 मूल अधिकारों (Fundamental Rights) में निहित मूल्य

मूल अधिकार	निहित मूल्य
समानता का अधिकार (Right to Equality)	**समता, गैर-भेदभाव**
स्वतंत्रता का अधिकार (Right to Freedom)	**स्वतंत्रता, गरिमा, आत्मसम्मान**
शोषण के विरुद्ध अधिकार	**मानवाधिकार, न्याय**

(Right Against Exploitation)	
धार्मिक स्वतंत्रता का अधिकार (Right to Freedom of Religion)	**सहिष्णुता, पंथनिरपेक्षता**
सांस्कृतिक और शैक्षिक अधिकार (Cultural and Educational Rights)	**सांस्कृतिक विविधता, समान अवसर**
संवैधानिक उपचार का अधिकार (Right to Constitutional Remedies)	**न्याय सुलभता, नागरिक स्वतंत्रता**

8.5 राज्य के नीति निदेशक तत्व (Directive Principles of State Policy)

प्रमुख मूल्य:

- **सामाजिक कल्याण** (Social Welfare)
- **धन का समान वितरण** (Economic Equity)
- **न्यूनतम जीवन स्तर** (Minimum Standard of Living)
- **महिला और बाल कल्याण** (Women and Child Welfare)
- **पर्यावरण संरक्षण** (Environmental Protection)
- **शिक्षा और स्वास्थ्य** (Education and Health)

यह खंड समाजवाद, मानव गरिमा, सामाजिक न्याय और समतामूलक समाज के निर्माण की ओर निर्देशित करता है।

8.6 मौलिक कर्तव्य (Fundamental Duties) में निहित मूल्य

Article 51A के अंतर्गत दिए गए कर्तव्यों में निहित मूल्य:

- **देशभक्ति और राष्ट्र प्रेम**
- **संविधान का सम्मान**
- **प्राकृतिक पर्यावरण की रक्षा**
- **वैज्ञानिक दृष्टिकोण**
- **सांप्रदायिक सद्भावना**
- **महिला सम्मान और सुरक्षा**

☞ विद्यार्थियों और शिक्षकों के लिए विशेष रूप से महत्वपूर्ण:

- शिक्षा प्राप्त करना (Clause k)
- सार्वजनिक संपत्ति की रक्षा करना (Clause i)

8.7 शिक्षा और राष्ट्रीय मूल्य / Education and National Values

शिक्षा के माध्यम से राष्ट्रीय मूल्यों का संवर्धन:

- **नैतिक शिक्षा**
- **लोकतांत्रिक भावना** का विकास
- **बहुलतावाद और सहिष्णुता** का पोषण
- **संविधान आधारित नागरिकता शिक्षा**

शिक्षक की भूमिका:

- राष्ट्र के आदश को व्यवहार में उतारना
- छात्रों में संविधान की चेतना जगाना
- मानव अधिकारों और समानता का संवर्धन करना

8.8 प्रासंगिक उद्धरण / Relevant Quotes

"The Constitution is not a mere lawyers' document, it is a vehicle of Life, and its spirit is always the spirit of age." – *Dr. B.R. Ambedkar*

"A Constitution is the expression of the general will." – *Jean-Jacques Rousseau*

8.9 अभ्यास प्रश्न / Practice Questions

वर्णात्मक प्रश्न (Descriptive)

1. भारतीय संविधान के उद्देशिका में निहित राष्ट्रीय मूल्यों का विश्लेषण कीजिए।
2. राज्य के नीति निदेशक तत्वों में प्रतिबिंबित राष्ट्रीय आदश की चर्चा कीजिए।
3. शिक्षा के माध्यम से संविधान प्रदत्त मूल्यों को कैसे संवर्धित किया जा सकता है?

वस्तुनिष्ठ प्रश्न (MCQs)

1. संविधान के किस भाग में 'न्याय, स्वतंत्रता, समता और बंधुत्व' का उल्लेख मिलता है?
   a) अनुच्छेद 14
   b) मूल अधिकार
   c) उद्देशिका ☑
   d) नीति निदेशक तत्व
2. मौलिक कर्तव्यों को संविधान में कब जोड़ा गया?
   a) 42वें संशोधन द्वारा ☑

b) 44वें संशोधन द्वारा

c) 73वें संशोधन द्वारा

d) 86वें संशोधन द्वारा

भारतीय संविधान देश की आत्मा है, जिसमें **समानता, स्वतंत्रता, न्याय, धर्मनिरपेक्षता, समाजवाद, और मानव गरिमा** जैसे राष्ट्रीय मूल्य समाहित हैं। ये मूल्य नागरिकों के चरित्र निर्माण एवं शिक्षकों की नैतिक जिम्मेदारी का आधार हैं।

The Indian Constitution enshrines core **national values** such as **equality, liberty, secularism, justice, and dignity**. These values not only form the foundation of the Indian state but also guide the character building through education.

अध्याय 9: मूल्यों के शैक्षिक प्रभाव
Educational Implications of National Values

9.1 परिचय / Introduction

मूल्य किसी भी समाज के नैतिक ढाँचे की आधारशिला होते हैं। जब ये मूल्य शिक्षा में समाहित होते हैं, तो वे न केवल विद्यार्थियों के **व्यक्तित्व निर्माण** में सहायक होते हैं, बल्कि **राष्ट्र निर्माण** में भी महत्वपूर्ण भूमिका निभाते हैं।

Values form the moral foundation of society. When integrated into education, they contribute to **personality development**, **citizenship building**, and the holistic growth of learners.

9.2 शैक्षिक प्रक्रिया में राष्ट्रीय मूल्यों की भूमिका / Role of National Values in Educational Process

क्र.	मूल्य / Value	शैक्षिक प्रभाव / Educational Impact
1.	सत्य (Truth)	विद्यार्थियों में ईमानदारी, जिज्ञासा और पारदर्शिता को प्रोत्साहित करता है।
2.	अहिंसा (Non-violence)	सह-अस्तित्व, सहिष्णुता और संघर्ष-रहित व्यवहार को बढ़ावा देता है।
3.	धर्मनिरपेक्षता (Secularism)	विविधता की स्वीकृति और धार्मिक सहिष्णुता विकसित करता है।
4.	न्याय (Justice)	निष्पक्ष मूल्यांकन, समान अवसर और सामाजिक समता की भावना को प्रोत्साहित करता है।
5.	समता (Equality)	लिंग, जाति, भाषा आदि के आधार पर भेदभाव रहित वातावरण प्रदान करता है।

6.	बंधुत्व (Fraternity)	समूह कार्य, सहयोग और राष्ट्रीय एकता की भावना को सुदृढ़ करता है।

9.3 शिक्षण अधिगम प्रक्रिया में मूल्यों का समावेश / Integration of Values in Teaching-Learning Process

शिक्षक की भूमिका / Role of Teacher:

- शिक्षक **मूल्यनिष्ठ व्यवहार** का आदर्श प्रस्तुत करता है।
- शिक्षण में **नैतिक कथाएँ**, जीवनियाँ और **सामाजिक उदाहरण** का समावेश करता है।
- सहयोगी, **समूह कार्य आधारित शिक्षण** का प्रयोग करता है।

शिक्षण विधियाँ / Teaching Methods for Value Education:

विधि / Method	प्रयोजन / Purpose
संवाद विधि (Discussion)	सहिष्णुता, अभिव्यक्ति की स्वतंत्रता
नाटक/भूमिका-निर्माण (Role Play)	निर्णय-शक्ति, नैतिक संघर्ष की समझ
परियोजना कार्य (Projects)	जिम्मेदारी, सहभागिता
अनुकरण (Imitation)	शिक्षक के आचरण से नैतिकता की शिक्षा

9.4 पाठ्यक्रम विकास में मूल्यों का समावेश / Values in Curriculum Design

प्राथमिक स्तर पर (Primary Level):

- नैतिक कहानियाँ, पंचतंत्र, लोक कथाएँ
- सहयोग, सच बोलना, दया भाव की शिक्षा

माध्यमिक स्तर पर (Secondary Level):

- संविधान, नागरिक शास्त्र, जीवन कौशल
- सामाजिक विषयों के माध्यम से मानवीय अधिकारों की चर्चा

उच्च शिक्षा में (Higher Education):

- मानवाधिकार, नैतिक दर्शन, शांति शिक्षा
- विविधता और समावेशिता की अवधारणाएँ

9.5 विद्यालय संस्कृति में मूल्यों की स्थापना / Establishing Value-Based School Culture

प्रमुख रणनीतियाँ / Key Strategies:

- प्रार्थना सभा (Morning Assembly) में नैतिक सन्देश
- शिक्षक-छात्र संवाद
- सामूहिक गतिविधियाँ (जन सेवा, एनएसएस, एनसीसी)
- **'स्वच्छ भारत', 'बेटी बचाओ'**, जैसे अभियानों में भागीदारी

9.6 मूल्य-आधारित मूल्यांकन प्रणाली / Value-Based Assessment

मूल्य / Value	मूल्यांकन का संकेतक / Indicator of Assessment
ज़िम्मेदारी	समय पर कार्य पूर्ण करना, ईमानदारी से प्रस्तुतियाँ देना
सहिष्णुता	समूह में कार्य, मतभेद को शांतिपूर्वक सुलझाना
नेतृत्व	गतिविधियों में नेतृत्व लेना
संवेदनशीलता	दूसरों की समस्याओं पर प्रतिक्रिया देना

9.7 समकालीन शैक्षिक चुनौतियाँ और मूल्य शिक्षा / Contemporary Challenges and Value Education

समस्या / Issue	समाधान के रूप में मूल्य / Value as Solution
नैतिक पतन	नैतिकता, अनुशासन, आत्म-नियंत्रण
लैंगिक असमानता	समानता, सम्मान
सांप्रदायिकता	धर्मनिरपेक्षता, सहिष्णुता
पर्यावरणीय संकट	पारिस्थितिक चेतना, उत्तरदायित्व

9.8 शिक्षा में मूल्य-समावेशन के लाभ / Benefits of Value Integration in Education

- चरित्र निर्माण और नैतिक विकास
- लोकतांत्रिक नागरिकों का निर्माण
- समतामूलक एवं शांतिपूर्ण समाज
- सशक्त और आत्मनिर्भर व्यक्तित्व
- विद्यालय और समाज के बीच मजबूत संबंध

9.9 प्रासंगिक उद्धरण / Relevant Quotes

"Education without values, as useful as it is, seems rather to make man a more clever devil." – *C.S. Lewis*

"By education I mean an all-round drawing out of the best in child and man – body, mind and spirit." – *Mahatma Gandhi*

9.10 अभ्यास प्रश्न / Practice Questions

वर्णात्मक प्रश्न / Descriptive Questions

1. मूल्यों के शैक्षिक प्रभावों की चर्चा कीजिए।
2. शिक्षक की भूमिका मूल्य शिक्षा के संदर्भ में स्पष्ट कीजिए।
3. पाठ्यक्रम में मूल्यों के समावेशन की विधियों को समझाइए।

वस्तुनिष्ठ प्रश्न / MCQs

1. विद्यालयी पाठ्यक्रम में मूल्य-समावेशन का उद्देश्य है:
   a) परीक्षा में अच्छे अंक लाना
   b) व्यावसायिक कुशलता
   c) नैतिक और सामाजिक विकास ☑
   d) अनुशासन लागू करना
2. भूमिका-निर्माण विधि का प्रयोग किसके विकास में सहायक है?
   a) अभिप्रेरणा
   b) विश्लेषणात्मक कौशल
   c) नैतिक निर्णय क्षमता ☑
   d) स्मृति कौशल

मूल्यों के शैक्षिक प्रभाव बहुआयामी होते हैं। वे शिक्षा को केवल जानकारी तक सीमित नहीं रखते, बल्कि उसे **चरित्र निर्माण, सामाजिक न्याय और नैतिक समाज** के निर्माण का माध्यम बनाते हैं।

The educational implications of values are multidimensional. They transform education from mere knowledge delivery to a process of **character building, ethical thinking, and social transformation**.

खंड 4: भारतीय दर्शन और उनका शैक्षिक योगदान
Indian Schools of Philosophy and Educational Contributions

अध्याय 10: सांख्य दर्शन (Samkhya Philosophy)

10.1 परिचय / Introduction

सांख्य दर्शन भारतीय दर्शन के छह आस्तिक (षड्दर्शन) दर्शनों में से एक है। इसकी स्थापना **महर्षि कपिल** द्वारा की गई मानी जाती है। यह दर्शन **द्वैतवाद** (Dualism) पर आधारित है – **पुरुष (चेतन)** और **प्रकृति (जड़)** को दो स्वतंत्र तत्त्व मानता है।

Samkhya is one of the six orthodox schools of Indian philosophy. It was founded by **Maharishi Kapila** and is known for its **dualistic metaphysics**, recognizing two eternal realities: **Purusha (consciousness)** and **Prakriti (matter/nature)**.

10.2 सांख्य दर्शन की विशेषताएँ / Key Features of Samkhya Philosophy

विशेषता / Feature	विवरण / Description
द्वैतवादी दृष्टिकोण	पुरुष और प्रकृति को अलग तत्व मानता है
तर्कप्रधान दर्शन	अनुभव और युक्ति पर आधारित
कारणवाद (Causality)	सृष्टि की व्याख्या हेतु **परिणामवाद** को मानता है
निर्विशेष ब्रह्म की मान्यता नहीं	वेदान्त की भांति अद्वैत नहीं है
मोक्ष का उद्देश्य	**अविवेक के नाश** से पुरुष की प्रकृति से पृथकता

10.3 सांख्य में तत्त्वमीमांसा / Metaphysics of Samkhya

1. पुरुष (Purusha)

- चेतन तत्त्व (Conscious principle)
- अकर्ता (Non-doer), निर्गुण, निःस्पृह
- अनेक पुरुषों की मान्यता
- साक्षी भाव में स्थित

2. प्रकृति (Prakriti)

- अचेतन, जड़ तत्त्व (Unconscious matter)
- तीन गुणों से युक्त:
    - **सत्त्व** (purity)
    - **रजस्** (activity)
    - **तमस्** (inertia)
- सृष्टि की मूल कारण
- परिवर्तनशील परंतु अनादि

10.4 प्रकृति के विकार / Evolution of Prakriti

सांख्य दर्शन के अनुसार प्रकृति से 23 तत्वों की उत्पत्ति होती है:

क्रम	तत्व / Element	व्याख्या
1	बुद्धि (Mahat)	विवेक क्षमता
2	अहंकार (Ego)	'मैं' की भावना
3-5	मन, पाँच ज्ञानेन्द्रियाँ (Mind, 5 Senses)	मन, दृष्टि, श्रवण आदि

6-10	पाँच कर्मेन्द्रियाँ (5 Motor Organs)	वाणी, पाद, पाणी आदि
11-15	पाँच तन्मात्राएँ (Subtle Elements)	रूप, रस, गंध, स्पर्श, शब्द
16-20	पाँच महाभूत (Gross Elements)	पृथ्वी, जल, अग्नि, वायु, आकाश
21	पुरुष (Purusha)	चेतन तत्त्व – साक्षी भाव में

कुल 25 तत्व (24 प्रकृति + 1 पुरुष)

10.5 ज्ञानमीमांसा / Theory of Knowledge (Epistemology)

प्रमाण (Means of Valid Knowledge):

1. **प्रत्यक्ष (Perception)**
2. **अनुमान (Inference)**
3. **शब्द (Verbal Testimony)**

☞ सांख्य केवल इन तीन प्रमाणों को मानता है।
☞ अनुभव और तर्क के आधार पर ज्ञान की पुष्टि करता है।

10.6 मोक्ष की अवधारणा / Concept of Liberation (Moksha)

- **अविवेक** के कारण पुरुष प्रकृति से बंधा होता है।
- जब पुरुष यह जान लेता है कि वह प्रकृति से भिन्न है, तब वह मुक्त हो जाता है।
- मोक्ष का अर्थ है – **दुःखों से पूर्ण मुक्ति (Freedom from pain and bondage)**

"पुरुष और प्रकृति का भेदज्ञान ही मोक्ष है।"

10.7 सांख्य दर्शन के शैक्षिक विचार / Educational Thoughts in Samkhya

शैक्षिक क्षेत्र	सांख्य दर्शन के प्रभाव
शिक्षा का उद्देश्य	आत्मा और प्रकृति का भेद ज्ञान प्राप्त करना
ज्ञान का स्रोत	प्रत्यक्ष, अनुमान, शब्द – अनुभव आधारित शिक्षा
शिक्षा का स्वरूप	विश्लेषणात्मक, विवेकशील, आत्म-निरीक्षण प्रेरक
शिक्षक की भूमिका	मार्गदर्शक, आत्मज्ञान में सहायक
विद्यार्थी की भूमिका	आत्म-अन्वेषी, अनुभव द्वारा सीखने वाला
शिक्षण विधि	संवाद, तर्क, पर्यवेक्षण

10.8 समकालीन शिक्षा में प्रासंगिकता / Relevance in Modern Education

- **आत्म-चिंतन, ध्यान और योग** आधारित शिक्षण
- विज्ञान और तर्क का समन्वय
- मानसिक स्वास्थ्य और ध्यान केंद्रित अध्ययन
- **Multiple Intelligence** और **Consciousness Studies** में उपयोग

10.9 प्रासंगिक उद्धरण / Relevant Quote

"By discerning the difference between the seer (Purusha) and the seen (Prakriti), the soul attains freedom." – *Samkhya Karika*

10.10 अभ्यास प्रश्न / Practice Questions

वर्णात्मक प्रश्न / Descriptive

1. सांख्य दर्शन की प्रमुख विशेषताओं की विवेचना कीजिए।
2. सांख्य दर्शन की दृष्टि से मोक्ष की प्रक्रिया को समझाइए।
3. सांख्य दर्शन का शैक्षिक महत्व स्पष्ट कीजिए।

वस्तुनिष्ठ प्रश्न / MCQs

1. सांख्य दर्शन किस प्रकार का दर्शन है?
   - a) अद्वैत
   - b) द्वैत ☑
   - c) विषिष्टाद्वैत
   - d) नास्तिक
2. पुरुष की क्या विशेषता है?
   - a) परिवर्तनशील
   - b) जड़
   - c) कर्ता
   - d) अकर्ता ☑
3. प्रकृति में कितने गुण होते हैं?
   - a) दो
   - b) तीन ☑
   - c) पाँच
   - d) एक

सांख्य दर्शन प्रकृति और पुरुष के भेद पर आधारित एक **तर्कपूर्ण एवं अनुभव**

आधारित दर्शन है। यह व्यक्ति को आत्मज्ञान की ओर प्रेरित करता है, जो शिक्षा का प्रमुख उद्देश्य माना गया है।

Samkhya philosophy emphasizes the dualism of consciousness and matter. It is a **rational, experiential system** that guides individuals toward **self-realization**, a vital aim of education.

अध्याय 11: वेदांत दर्शन (Vedanta Philosophy)

11.1 परिचय / Introduction

वेदांत दर्शन, भारतीय दर्शन के छह आस्तिक दर्शनों में अंतिम और सर्वाधिक प्रभावशाली दर्शन है। 'वेदांत' का शाब्दिक अर्थ है – "वेदों का अंतिम भाग" अर्थात **उपनिषद**। इसका प्रमुख विषय है – **ब्रह्म, आत्मा और जगत का संबंध**।

Vedanta philosophy is the culmination of Vedic thought and one of the six orthodox systems of Indian philosophy. The term 'Vedanta' literally means "the end of the Vedas", referring primarily to the **Upanishads**. It explores the relationship between **Brahman (the ultimate reality), Atman (the self), and the universe.**

11.2 प्रमुख शाखाएँ / Major Schools of Vedanta

शाखा / School	प्रवर्तक / Founder	मुख्य सिद्धांत / Main Principle
अद्वैत (Advaita)	शंकराचार्य (Shankaracharya)	ब्रह्म और आत्मा एक हैं (Non-dualism)
विशिष्टाद्वैत (Vishishtadvaita)	रामानुजाचार्य (Ramanujacharya)	आत्मा ब्रह्म का अंश है (Qualified Non-dualism)
द्वैत (Dvaita)	मध्वाचार्य (Madhvacharya)	आत्मा और ब्रह्म अलग हैं (Dualism)

11.3 वेदांत का तत्त्वमीमांसा / Metaphysics of Vedanta

1. ब्रह्म (Brahman):

- अद्वितीय, निराकार, सर्वव्यापी, सर्वज्ञ
- उपनिषदों के अनुसार – "सत्यं ज्ञानं अनन्तं ब्रह्म"
- शंकराचार्य के अनुसार – केवल ब्रह्म ही सत्य है, जगत मिथ्या है

2. आत्मा (Atman):

- ब्रह्म का प्रतिबिंब, अनंत और चेतन
- "अहं ब्रह्मास्मि" (मैं ही ब्रह्म हूँ)

3. जगत (World):

- अद्वैत के अनुसार – मिथ्या (illusory)
- विशिष्टाद्वैत – ब्रह्म का शरीर
- द्वैत – ब्रह्म और जगत दोनों सत्

11.4 ज्ञानमीमांसा (Epistemology) – वेदांत की दृष्टि से

प्रमाण / Means of Knowledge	वेदांत में महत्व
श्रुति (Vedas/Upanishads)	प्रमुख प्रमाण
अनुभव (Experience)	आत्मा-ब्रह्म के अनुभव हेतु आवश्यक
युक्ति (Logic/Reasoning)	सत्य की पुष्टि के लिए सहायक
ध्यान और साधना (Meditation)	आत्मज्ञान की प्राप्ति का साधन

11.5 मोक्ष की अवधारणा / Concept of Liberation (Moksha)

- **मोक्ष** = आत्मा और ब्रह्म की एकता का अनुभव
- बंधन का कारण – **अविद्या (Ignorance)**
- मुक्ति का साधन – **ज्ञानमार्ग (Path of Knowledge)**
- मोक्ष में – जन्म-मरण का चक्र समाप्त, पूर्ण शांति

11.6 वेदांत दर्शन के शैक्षिक विचार / Educational Views of Vedanta

शैक्षिक क्षेत्र	वेदांत दर्शन की दृष्टि
शिक्षा का उद्देश्य	आत्मा-ब्रह्म की पहचान, आत्मबोध, मुक्ति
ज्ञान का स्रोत	शास्त्र, गुरु, ध्यान
विद्यार्थी की भूमिका	जिज्ञासु, साधक, विनयी
शिक्षक की भूमिका	गुरु – जो अज्ञान हटाकर आत्मज्ञान दे
शिक्षण की विधियाँ	श्रवण, मनन, निदिध्यासन (सुनना, सोचना, ध्यान करना)
शिक्षा का स्वरूप	आध्यात्मिक, नैतिक और समग्र विकास हेतु

11.7 समकालीन शिक्षा में प्रासंगिकता / Relevance in Modern Education

- **Value Education** और **Spiritual Development** में उपयोगी
- **Holistic Education** का समर्थन करता है
- **Self-realization, Peace Education,** और **Meditative Practices** को प्रोत्साहित करता है

- **Inclusive and Ethical Worldview** की शिक्षा देता है

11.8 प्रासंगिक उपनिषद वाक्य / Important Vedantic Quotations

◆ **"तत्त्वमसि" (Tat Tvam Asi)** – "Thou art That"

◆ **"अहं ब्रह्मास्मि" (Aham Brahmasmi)** – "I am Brahman"

◆ **"सर्वं खल्विदं ब्रह्म"** – "All this is verily Brahman"

11.9 अभ्यास प्रश्न / Practice Questions

वर्णात्मक प्रश्न / Descriptive

1. वेदांत दर्शन की प्रमुख विशेषताओं की विवेचना कीजिए।
2. अद्वैत वेदांत और द्वैत वेदांत में अंतर स्पष्ट कीजिए।
3. वेदांत दर्शन के शैक्षिक सिद्धांतों को समझाइए।

वस्तुनिष्ठ प्रश्न / MCQs

1. 'अहं ब्रह्मास्मि' किस दर्शन से संबंधित है?
   a) सांख्य
   b) वेदांत ☑
   c) न्याय
   d) योग
2. शंकराचार्य किस वेदांत शाखा के प्रवर्तक हैं?
   a) द्वैत
   b) अद्वैत ☑
   c) विशिष्टाद्वैत
   d) शुद्ध द्वैत

3. वेदांत दर्शन में मोक्ष प्राप्ति का साधन क्या है?

a) भक्ति

b) ज्ञान ☑

c) कर्म

d) तप

वेदांत दर्शन आत्मा और ब्रह्म की एकता को उद्घाटित कर आत्मबोध की ओर ले जाता है। यह शिक्षा को एक **आध्यात्मिक यात्रा** मानता है और व्यक्ति के **समग्र विकास** का मार्ग प्रशस्त करता है।

Vedanta philosophy unveils the unity of the self and the supreme, guiding the soul toward realization. It perceives education as a **spiritual journey**, promoting holistic development and liberation.

अध्याय 12: न्याय दर्शन (Nyaya Philosophy)

12.1 परिचय / Introduction

न्याय दर्शन भारतीय आस्तिक (षड्दर्शन) परंपरा का एक तर्कप्रधान और विश्लेषणात्मक दर्शन है। इसकी स्थापना **गौतम ऋषि** ने की थी। यह दर्शन **यथार्थ ज्ञान** की प्राप्ति और **मोक्ष** के साधनों पर बल देता है।

Nyaya philosophy is one of the six orthodox (Astika) systems of Indian philosophy. It is a **rational and analytical system** founded by **Rishi Gautama**. Nyaya emphasizes **valid knowledge** and the means of attaining **liberation (Moksha)** through correct reasoning and inference.

12.2 न्याय दर्शन की विशेषताएँ / Key Features of Nyaya Philosophy

विशेषता / Feature	विवरण / Description
तर्क और प्रमाण का महत्व	यथार्थ ज्ञान के लिए तर्क अनिवार्य
मोक्ष = अज्ञान का नाश	ज्ञान ही मुक्ति का साधन
आत्मा की स्वतंत्र सत्ता	आत्मा को चेतन तत्त्व माना गया
ईश्वर की मान्यता	न्याय ईश्वर को सृष्टि का कर्ता मानता है
प्रमाणों की विवेचना	4 प्रमाणों की वैज्ञानिक विवेचना

12.3 प्रमाण मीमांसा / Epistemology – Theory of Knowledge

न्याय दर्शन चार प्रमाणों को मानता है:

प्रमाण / Pramana	अर्थ / Meaning	उद्देश्य / Purpose
1. प्रत्यक्ष / Perception	इंद्रियजन्य ज्ञान	वस्तु का सीधा अनुभव
2. अनुमान / Inference	कारण से कार्य की ओर जाना	अव्यक्त वस्तु का ज्ञान
3. उपमान / Comparison/Analogy	किसी ज्ञात वस्तु से अज्ञात का ज्ञान	तुलनात्मक ज्ञान
4. शब्द / Verbal Testimony	विश्वसनीय वक्ता का कथन	शास्त्रों व योग्य वक्ताओं का ज्ञान स्रोत

📌 न्याय दर्शन में **अनुमान** और **प्रत्यक्ष** को विशेष महत्त्व प्राप्त है।

12.4 अनुमान के प्रकार / Types of Inference

1. **पूर्ववत् अनुमान (A Priori)** – जैसे: बादल देखकर वर्षा का अनुमान
2. **शेषवत् अनुमान (Post Hoc)** – जैसे: नदी में जल है, क्योंकि किनारों पर हरियाली है
3. **सामान्यतो दृष्ट (Common Observation)** – जैसे: अग्नि में धुआँ देखा गया है, अतः जहाँ धुआँ है, वहाँ अग्नि होगी

12.5 ज्ञान के प्रकार / Types of Knowledge

प्रकार / Type	विवरण / Description

यथार्थ ज्ञान (True knowledge)	जो वस्तु के वास्तविक स्वरूप से मेल खाता हो
अयथार्थ ज्ञान (False knowledge)	भ्रम, संदेह, या कल्पना पर आधारित

12.6 न्याय दर्शन की तत्वमीमांसा / Metaphysics of Nyaya

- आत्मा: अनेक, चेतन, नित्य
- शरीर: आत्मा का आवास
- इंद्रियाँ: आत्मा और वस्तु के बीच माध्यम
- मन: एक, सूक्ष्म, अव्यक्त
- ईश्वर: सृष्टि का नियामक, सर्वज्ञ, सर्वशक्तिमान

12.7 मोक्ष की अवधारणा / Concept of Liberation

- मोक्ष = **दुःखों की पूर्ण निवृत्ति**
- कारण = **अविद्या और मिथ्या ज्ञान**
- साधन = **प्रमाणों द्वारा प्राप्त यथार्थ ज्ञान**
- मोक्ष की स्थिति = **आत्मा की स्वतंत्रता, शांति और आनंद**

12.8 शैक्षिक दृष्टिकोण / Educational Implications of Nyaya

शैक्षिक क्षेत्र	न्याय दर्शन का योगदान
शिक्षा का उद्देश्य	यथार्थ ज्ञान की प्राप्ति, विवेक का विकास
शिक्षण की पद्धति	तर्क, विश्लेषण, वाद-विवाद, पर्यवेक्षण
शिक्षक की भूमिका	मार्गदर्शक, तर्कशीलता का प्रेरक
विद्यार्थी की भूमिका	प्रश्नकर्ता, आलोचनात्मक चिंतक
ज्ञान का स्रोत	प्रत्यक्ष, अनुमान, उपमान और शब्द

12.9 समकालीन शिक्षा में प्रासंगिकता / Relevance in Modern Education

- **Critical Thinking** और **Logical Reasoning** को प्रोत्साहन
- वैज्ञानिक दृष्टिकोण का विकास
- विद्यार्थियों में **तर्क-शक्ति और साक्ष्य-आधारित समझ** को बल
- **Debate, Dialogue, Inquiry-based Learning** के लिए आधार

12.10 प्रसिद्ध न्याय सूत्र / Famous Nyaya Aphorism

"प्रमाणज्ञानात् अपूर्वार्थसिद्धिः"

(By valid knowledge, unknown truths are discovered.)

12.11 अभ्यास प्रश्न / Practice Questions

वर्णात्मक प्रश्न / Descriptive

1. न्याय दर्शन की प्रमुख विशेषताओं की विवेचना कीजिए।
2. न्याय दर्शन में चार प्रमाणों की व्याख्या कीजिए।
3. न्याय दर्शन के शैक्षिक सिद्धांतों को स्पष्ट कीजिए।

वस्तुनिष्ठ प्रश्न / MCQs

1. न्याय दर्शन के प्रवर्तक कौन हैं?
   a) कणाद
   b) कपिल
   c) गौतम ✓
   d) पतंजलि
2. न्याय दर्शन में कितने प्रमाण माने गए हैं?
   a) तीन
   b) चार ✓
   c) पाँच
   d) छह
3. उपमान प्रमाण का तात्पर्य है:
   a) प्रत्यक्ष ज्ञान
   b) अनुमान
   c) तुलनात्मक ज्ञान ✓
   d) श्रुति

न्याय दर्शन भारतीय तर्कशास्त्र का मूल है, जो **प्रमाण, यथार्थ ज्ञान और मोक्ष** पर बल देता है। यह शिक्षा में **आलोचनात्मक चिंतन** और **विवेकपूर्ण निर्णय** लेने की प्रवृत्ति को विकसित करता है।

Nyaya is the foundation of Indian logic and rational inquiry. It emphasizes **valid knowledge, reasoning, and liberation**, encouraging **critical thinking and analytical learning** in education.

अध्याय 13: वैशेषिक दर्शन (Vaisheshika Philosophy)

13.1 परिचय / Introduction

वैशेषिक दर्शन, भारतीय आस्तिक दर्शनों में से एक है, जिसकी स्थापना **कणाद ऋषि** ने की। यह दर्शन **पदार्थ के विश्लेषण** और **परमाणुवाद (Atomism)** पर आधारित है। इसका उद्देश्य **धर्म के माध्यम से मोक्ष की प्राप्ति** है।

Vaisheshika philosophy is one of the six orthodox systems of Indian philosophy, founded by **Rishi Kanada**. It focuses on the **analysis of matter** and is known for its doctrine of **atomism**. The ultimate goal is **liberation (Moksha)** through **right knowledge and righteous conduct**.

13.2 वैशेषिक दर्शन की विशेषताएँ / Key Features of Vaisheshika Philosophy

विशेषता / Feature	विवरण / Description
पदाथ का वर्गीकरण	छह/सात पदाथ का वर्णन
परमाणु सिद्धांत	जगत का निर्माण परमाणुओं से
अनुभवजन्य ज्ञान पर बल	प्रत्यक्ष और अनुमान के माध्यम से
स्वतंत्र तत्वमीमांसा	भौतिक और आध्यात्मिक जगत का विश्लेषण
नैतिक धर्म का महत्त्व	मोक्ष के लिए धर्म आवश्यक

13.3 षड् पदार्थ / Six (Later Seven) Categories (Padarthas)

वैशेषिक दर्शन जगत को निम्नलिखित **सात पदाथ** (वस्तुओं) में विभाजित करता है:

पद (Category)	अर्थ / Meaning	उदाहरण / Example
1. **द्रव्य** (Substance)	जिसमें गुण और क्रिया स्थित हों	पृथ्वी, जल, तेज, वायु, आकाश आदि
2. **गुण** (Quality)	जो द्रव्य में स्थित हो पर क्रिया न हो	रंग, गंध, रस, स्पर्श, संख्या
3. **क्रिया** (Action)	गति या परिवर्तन	चलना, उड़ना, सिकुड़ना आदि
4. **सामान्य** (Generality)	सामान्य स्वभाव जो अनेक में एकसार हो	वृक्षत्व, मनुष्यत्व आदि
5. **विशेष** (Particularity)	प्रत्येक परमाणु की विशिष्टता	आत्मा की एकता और भिन्नता
6. **समवाय** (Inherence)	अविच्छेद्य संबंध	वस्त्र में रंग का समवाय
7. **अभाव** (Negation)	किसी वस्तु की अनुपस्थिति	वृक्ष में पुष्प का अभाव

- प्रारंभ में छह पदार्थ माने गए थे। बाद में **अभाव (Negation)** को भी सम्मिलित किया गया।

13.4 परमाणुवाद / Theory of Atomism

- सभी द्रव्य **परमाणुओं (Atoms)** से बने होते हैं
- परमाणु – **अनश्वर, अदृश्य, अविभाज्य और अनादि**
- चार प्रकार के परमाणु – पृथ्वी, जल, तेज, वायु
- परमाणु संयोग से संयुक्त होकर पदार्थ का निर्माण करते हैं
- ईश्वर – परमाणुओं का संयोजक और सृष्टि का नियामक

13.5 ज्ञानमीमांसा / Epistemology (Theory of Knowledge)

वैशेषिक दर्शन दो प्रमाणों को मानता है:

प्रमाण / Pramana	विवरण / Description
प्रत्यक्ष (Perception)	इंद्रियों द्वारा सीधा ज्ञान
अनुमान (Inference)	तर्क और निष्कर्ष पर आधारित ज्ञान

✅ वैशेषिक दर्शन **श्रुति, उपमान, शब्द आदि प्रमाणों को नहीं** मानता।

13.6 तत्त्वमीमांसा / Metaphysical Beliefs

- **आत्मा (Atman)** – नित्य, चेतन, अनेक
- **ईश्वर (God)** – सर्वज्ञ, सर्वशक्तिमान, परमाणुओं का संयोजक
- **मोक्ष (Liberation)** – आत्मा का दुःखों से मुक्त होना
- **कर्म और धर्म** – मोक्ष के लिए आवश्यक

13.7 मोक्ष की अवधारणा / Concept of Liberation

- मोक्ष = **दुःखों से पूर्ण मुक्ति**
- प्राप्ति का मार्ग = **यथार्थ ज्ञान + धर्मानुसार आचरण**
- आत्मा मोक्ष में – **शांत, अक्रिय और चिरस्थायी सुख में स्थित**

13.8 शैक्षिक दृष्टिकोण / Educational Implications of Vaisheshika

शैक्षिक क्षेत्र	वैशेषिक दृष्टिकोण
शिक्षा का उद्देश्य	यथार्थ ज्ञान की प्राप्ति

ज्ञान की प्रकृति	विश्लेषणात्मक, अनुभवजन्य
शिक्षक की भूमिका	निरीक्षण और तर्क का मार्गदर्शक
विद्यार्थी की भूमिका	खोजकर्ता, पर्यवेक्षक
शिक्षण विधियाँ	वैज्ञानिक पद्धति, पर्यवेक्षण, विश्लेषण

13.9 समकालीन शिक्षा में प्रासंगिकता / Relevance in Contemporary Education

- Scientific outlook को प्रोत्साहन
- Concept classification और categorical reasoning का विकास
- Empirical inquiry, logical analysis, और evidence-based learning पर बल
- Environmental sciences, material sciences, और philosophy of science से साम्य

13.10 प्रसिद्ध सूत्र / Famous Aphorism

"धर्मः यतोs☒☒☒☒☒☒☒☒☒☒☒☒☒☒☒☒☒☒☒☒☒☒ ☒ धर्मः"

Dharma is that which leads to both material well-being and liberation.

13.11 अभ्यास प्रश्न / Practice Questions

वर्णात्मक प्रश्न / Descriptive

1. वैशेषिक दर्शन में पदाथ के वर्गीकरण की विवेचना कीजिए।
2. परमाणुवाद की व्याख्या वैशेषिक दृष्टिकोण से कीजिए।
3. वैशेषिक दर्शन की शैक्षिक उपयोगिता स्पष्ट कीजिए।

वस्तुनिष्ठ प्रश्न / MCQs

1. वैशेषिक दर्शन के प्रवर्तक कौन हैं?
   a) गौतम
   b) कणाद ☑
   c) पतंजलि
   d) रामानुज
2. वैशेषिक दर्शन में कितने पदार्थ माने गए हैं?
   a) पाँच
   b) छह
   c) सात ☑
   d) आठ
3. वैशेषिक दर्शन में प्रमुख ज्ञान के प्रमाण हैं:
   a) प्रत्यक्ष और अनुमान ☑
   b) उपमान और शब्द
   c) प्रत्यक्ष और शब्द
   d) अनुमान और उपमान

वैशेषिक दर्शन **वस्तुओं के वैज्ञानिक विश्लेषण** और **तर्कपूर्ण ज्ञान** पर आधारित है। यह शिक्षा में **वर्गीकरण, पर्यवेक्षण और निष्कर्ष-आधारित अध्ययन** को बढ़ावा देता है।

Vaisheshika is a **scientific and logical** system of Indian philosophy, promoting **classification of knowledge**, **atomic theory**, and **empirical analysis**, which are vital for modern science-oriented education.

अध्याय 14: योग दर्शन (Yoga Philosophy)

14.1 परिचय / Introduction

योग दर्शन भारतीय आस्तिक दर्शनों में से एक है जिसकी रचना **महर्षि पतंजलि** ने की थी। यह दर्शन मनुष्य की **आंतरिक शुद्धि**, **चित्त की एकाग्रता**, और **मोक्ष की प्राप्ति** पर बल देता है। योग शब्द का अर्थ है "संयोजन" या "एकता", अर्थात आत्मा और परमात्मा का मिलन।

Yoga is one of the six orthodox systems of Indian philosophy, systematized by **Maharshi Patanjali**. It emphasizes **internal purification**, **mental concentration**, and ultimately **liberation (Moksha)**. The word *Yoga* means "union," signifying the union of the individual self (Atman) with the Supreme (Paramatman).

14.2 पतंजलि योगसूत्र की परिभाषा / Definition of Yoga by Patanjali

"योगश्चित्तवृत्तिनिरोधः"

(Yoga is the restraint of the modifications of the mind.)

इसका तात्पर्य है कि योग का लक्ष्य चित्त की वृत्तियों को नियंत्रित कर आत्मा की वास्तविक प्रकृति का साक्षात्कार करना है।

14.3 अष्टांग योग / Eightfold Path of Yoga

महर्षि पतंजलि ने योग को आठ अंगों में विभाजित किया है:

क्रम / Step	योग अंग / Limbs of Yoga	विवरण / Description
1.	यम (Yama)	सामाजिक अनुशासन: सत्य, अहिंसा, अस्तेय, ब्रह्मचर्य, अपरिग्रह
2.	नियम (Niyama)	व्यक्तिगत अनुशासन: शौच, संतोष, तप, स्वाध्याय, ईश्वर प्रणिधान
3.	आसन (Asana)	स्थिर और सुखद शारीरिक स्थिति
4.	प्राणायाम (Pranayama)	श्वास का नियंत्रण
5.	प्रत्याहार (Pratyahara)	इंद्रियों का विषयों से हटाना
6.	धारणा (Dharana)	एकाग्रता
7.	ध्यान (Dhyana)	ध्यानात्मक अवस्था
8.	समाधि (Samadhi)	आत्मा और परमात्मा का एकत्व – मोक्ष की स्थिति

14.4 चित्त की वृत्तियाँ / Modifications of Mind

पतंजलि के अनुसार चित्त की पाँच वृत्तियाँ होती हैं:

1. **प्रमाण (Right knowledge)**
2. **विपर्यय (Wrong knowledge)**
3. **विकल्प (Imagination)**
4. **निद्रा (Sleep)**
5. **स्मृति (Memory)**

योग का कार्य इन वृत्तियों को नियंत्रित करना है।

14.5 क्लेश / Afflictions (Kleshas)

योग दर्शन के अनुसार पाँच क्लेश हैं जो मोक्ष के मार्ग में बाधा डालते हैं:

1. **अविद्या (Ignorance)**
2. **अस्मिता (Egoism)**
3. **राग (Attachment)**
4. **द्वेष (Aversion)**
5. **अभिनिवेश (Fear of death)**

इनका निराकरण योग साधना द्वारा होता है।

14.6 मोक्ष की अवधारणा / Concept of Liberation

- मोक्ष = **क्लेशों का नाश और चित्त की पूर्ण एकाग्रता**
- आत्मा का शुद्ध स्वरूप प्रकट होता है
- समाधि अवस्था में आत्मा परमात्मा से एकाकार हो जाती है

- इसे **कैवल्य** (Isolation/Freedom) कहा गया है

14.7 योग दर्शन की शैक्षिक उपयोगिता / Educational Implications of Yoga

शैक्षिक क्षेत्र	योगदान
शिक्षा का उद्देश्य	चित्त शुद्धि, आत्मनियंत्रण, व्यक्तित्व विकास
विद्यार्थी का विकास	मानसिक शांति, एकाग्रता, आत्म-ज्ञान
शिक्षक की भूमिका	अनुशासन प्रेरक, आंतरिक मार्गदर्शक
शिक्षण विधियाँ	ध्यान, आसन, नैतिक शिक्षण
समकालीन उपयोगिता	तनाव प्रबंधन, वैयक्तिक संतुलन, वैलनेस एजुकेशन

14.8 समकालीन शिक्षा में योग की प्रासंगिकता / Relevance in Modern Education

- **Value-based education**
- **Emotional intelligence** का विकास
- **Self-discipline और stress management**
- NEP 2020 में योग को **co-curricular and holistic education** के रूप में मान्यता

14.9 प्रसिद्ध योग सूत्र / Famous Aphorisms of Yoga

"तदा द्रष्टुः स्वरूपेs⊠⊠⊠⊠⊠⊠⊠⊠⊠"

(Then the seer abides in his own true nature.)

"सत्त्वशुद्धि-समाधिन चित्ते"

(By purity of mind, one attains deep concentration.)

14.10 अभ्यास प्रश्न / Practice Questions

वर्णात्मक प्रश्न / Descriptive

1. योग के आठ अंगों की विवेचना कीजिए।
2. पतंजलि के अनुसार चित्त की वृत्तियों का विश्लेषण कीजिए।
3. योग दर्शन की शैक्षिक उपयोगिता स्पष्ट कीजिए।
4. योग दर्शन में क्लेशों की अवधारणा क्या है?

वस्तुनिष्ठ प्रश्न / MCQs

1. योग दर्शन के प्रवर्तक कौन हैं?
   a) कणाद
   b) पतंजलि ☑
   c) गौतम
   d) शंकराचार्य
2. "योगश्चित्तवृत्तिनिरोधः" सूत्र किस ग्रंथ में मिलता है?
   a) न्याय सूत्र
   b) योगसूत्र ☑
   c) उपनिषद
   d) गीता
3. योग के कितने अंग होते हैं?
   a) पाँच
   b) सात

c) आठ ☑

d) दस

4. "ध्यान" योग का कौन सा अंग है?

a) पाँचवा

b) छठा

c) सातवाँ ☑

d) आठवाँ

योग दर्शन आत्म-संयम, मानसिक एकाग्रता और मोक्ष की ओर उन्मुख दर्शन है। यह शिक्षा में नैतिकता, अनुशासन और मानसिक स्वास्थ्य को सुदृढ़ करने में सहायक है।

Yoga philosophy is a spiritual and psychological path focused on self-discipline and inner awakening. It has immense relevance in modern education for promoting **mental well-being**, **ethical growth**, and **focused learning**.

अध्याय 15: मीमांसा दर्शन (Mimamsa Philosophy)

15.1 परिचय / Introduction

मीमांसा दर्शन भारतीय आस्तिक दर्शनों में से एक है, जिसकी स्थापना **ऋषि जैमिनि** ने की। इसका मुख्य उद्देश्य **वेदों के कर्मकांड भाग की व्याख्या** करना है। यह दर्शन यज्ञ, अनुष्ठान, और धर्म के विधानों की विवेचना करता है।

Mimamsa is one of the six orthodox schools of Indian philosophy founded by **Rishi Jaimini**. It primarily focuses on the **ritualistic portion of the Vedas**, interpreting duties, sacrifices, and rituals as essential to uphold Dharma.

15.2 मीमांसा का अर्थ / Meaning of Mimamsa

- 'मीमांसा' का शाब्दिक अर्थ है: **गहराई से विचार करना या जांच करना**
- इसे कभी-कभी **पूर्व मीमांसा** कहा जाता है (क्योंकि यह वेद के प्रारंभिक भाग—कर्मकांड—की व्याख्या करता है)

Mimamsa = Deep investigation or reflection, especially on the ritualistic part of the Vedas

15.3 प्रमुख ग्रंथ / Principal Texts

- **मीमांसा सूत्र** – ऋषि जैमिनि द्वारा रचित
- शबरभाष्य (शबरस्वामी),
- कुमारिल भट्ट और मंडन मिश्र के टीकाएँ

15.4 मीमांसा दर्शन की मुख्य मान्यताएँ / Major Tenets of Mimamsa

विषय	मीमांसा दर्शन का दृष्टिकोण
ज्ञान का स्रोत	वेद अपौरुषेय हैं (अनिर्मित, शाश्वत)
धर्म	वेदों द्वारा निर्दिष्ट कर्तव्यों (कर्तव्यकर्म) का पालन
मोक्ष	पुनर्जन्म के चक्र से मुक्ति, परंतु यह मुख्य ध्येय नहीं – मुख्य ध्येय है **धर्म पालन**
ईश्वर	प्रारंभिक मीमांसा में ईश्वर की आवश्यकता नहीं मानी गई (नास्तिक नहीं, बल्कि **ईश्वर निरपेक्ष**)
कर्मकांड	यज्ञों और विधियों को सर्वोच्च माना गया है

15.5 मीमांसा में प्रमाण (Sources of Knowledge in Mimamsa)

मीमांसा दर्शन छह प्रमाणों को स्वीकार करता है:

1. प्रत्यक्ष (Perception)
2. अनुमान (Inference)
3. उपमान (Comparison)
4. शब्द (Verbal Testimony) – वेद प्रमुख
5. अर्थापत्ति (Postulation)
6. अनुपलब्धि (Non-apprehension)

15.6 मीमांसा दर्शन में धर्म की परिभाषा / Concept of Dharma

"धर्मो नाम आदेशः" – धर्म वह है जिसे वेदों ने आदेश दिया है। यह दर्शन मानता है कि धर्म का ज्ञान केवल वेदों से ही संभव है।

Dharma is that which is enjoined by the Vedas.

15.7 मीमांसा दर्शन की शैक्षिक उपयोगिता / Educational Implications of Mimamsa

क्षेत्र	योगदान
नैतिक शिक्षा	वेदों पर आधारित आचरण, अनुशासन एवं कर्तव्य की भावना
शिक्षक की भूमिका	विद्या और धर्म का ज्ञाता – शिक्षार्थी को आचरण में ढालने वाला
शिक्षा का उद्देश्य	कर्तव्यनिष्ठा, अनुशासन, संस्कार
शिक्षण विधि	वेदपाठ, अनुकरण, श्रवण-मनन-निदिध्यासन

15.8 मीमांसा दर्शन की विशेषताएँ / Unique Features of Mimamsa

- वेदों की **निरपेक्षता** और **शाश्वतता** में आस्था
- यज्ञ-कम की **दैवीय फलश्रुति** पर विश्वास
- धर्म को **व्यवहारिक और क्रियात्मक** दृष्टि से देखा गया है
- ज्ञान नहीं, बल्कि **कर्मप्रधान** दर्शन है

15.9 मीमांसा दर्शन की आलोचना / Criticism of Mimamsa

- प्रारंभिक मीमांसा ने ईश्वर की भूमिका को नगण्य माना
- केवल कर्मकांड पर जोर देकर **ज्ञान और भक्ति** को गौण बनाया
- सामाजिक प्रासंगिकता वर्तमान में सीमित

15.10 प्रसिद्ध मीमांसा वाक्य / Key Aphorisms

"वेदः अपौरुषेयः"

(The Vedas are unauthored and eternal.)

15.11 अभ्यास प्रश्न / Practice Questions

वर्णात्मक प्रश्न / Descriptive

1. मीमांसा दर्शन की प्रमुख विशेषताओं पर प्रकाश डालिए।
2. मीमांसा दर्शन में धर्म की परिभाषा का विश्लेषण कीजिए।
3. मीमांसा दर्शन की शैक्षिक उपयोगिता पर चर्चा कीजिए।
4. मीमांसा और वेदों के संबंध को स्पष्ट कीजिए।

वस्तुनिष्ठ प्रश्न / MCQs

1. मीमांसा दर्शन के प्रवर्तक कौन हैं?
   a) गौतम
   b) जैमिनि ☑
   c) पतंजलि
   d) शंकराचार्य
2. मीमांसा दर्शन का प्रमुख विषय क्या है?
   a) मोक्ष
   b) भक्ति
   c) कर्मकांड ☑
   d) ध्यान

3. "धर्मो नाम आदेशः" का तात्पर्य है—

a) मोक्ष प्राप्त करना

b) समाज की सेवा

c) वेद का आदेश ☑

d) गुरुओं की आज्ञा

4. मीमांसा दर्शन में कौन से प्रमाण को मुख्य माना गया है?

a) प्रत्यक्ष

b) अनुमान

c) शब्द ☑

d) उपमान

मीमांसा दर्शन वेदों के कर्मकांड भाग पर आधारित है जो धर्म पालन, यज्ञ, और अनुष्ठानों को प्रधानता देता है। यह शिक्षा में नैतिकता, अनुशासन और कर्तव्यनिष्ठा का संदेश देता है।

Mimamsa philosophy is rooted in the ritualistic section of the Vedas and upholds Dharma through duty, sacrifices, and precise action. In education, it fosters moral conduct, discipline, and responsibility.

खंड 5: प्रमुख भारतीय विचारक और उनके शैक्षिक विचार
Great Indian Thinkers and their Educational Philosophies
अध्याय 16: स्वामी विवेकानंद का शैक्षिक दर्शन
Educational Philosophy of Swami Vivekananda

16.1 परिचय / Introduction

स्वामी विवेकानंद (1863–1902) भारत के महान विचारक, योगी और राष्ट्रनिर्माता थे। उन्होंने शिक्षा को व्यक्ति और समाज के उत्थान का प्रमुख साधन माना। उनका शैक्षिक दर्शन भारतीय आध्यात्मिकता और पश्चिमी वैज्ञानिक दृष्टिकोण का समन्वय है।

Swami Vivekananda (1863–1902) was a great Indian thinker, yogi, and nation-builder. He considered education as the chief means for individual and national development. His educational philosophy synthesizes Indian spirituality and Western scientific thought.

16.2 शिक्षा की परिभाषा / Definition of Education

"Education is the manifestation of the perfection already in man."
(शिक्षा मनुष्य में निहित पूर्णता की अभिव्यक्ति है।)

स्वामी विवेकानंद के अनुसार, शिक्षा वह प्रक्रिया है जो व्यक्ति के भीतर छिपी दिव्यता और सामर्थ्य को प्रकट करती है।

16.3 शिक्षा के उद्देश्य / Aims of Education

उद्देश्य / Aim	विवरण / Description
चरित्र निर्माण	नैतिकता, आत्मबल, आत्मसंयम का विकास
आत्मा की अभिव्यक्ति	आत्मा की अंतर्निहित शक्ति को जागृत करना
राष्ट्र निर्माण	समाज एवं राष्ट्र के प्रति उत्तरदायित्व
संपूर्ण विकास	शारीरिक, मानसिक, बौद्धिक और आध्यात्मिक विकास
मानव सेवा की भावना	"नर सेवा ही नारायण सेवा"

16.4 शिक्षा की विशेषताएँ / Characteristics of Education

- गुरु-शिष्य परंपरा का सम्मान
- शिक्षा को आत्म-प्रकाशन का माध्यम मानना
- शक्ति, श्रद्धा और आत्मविश्वास का विकास
- स्त्री शिक्षा और सामाजिक समानता पर बल
- धार्मिक सहिष्णुता और मानवतावाद का समर्थन

16.5 शिक्षा के प्रमुख घटक / Major Components of Education

घटक	विवेकानंद का दृष्टिकोण
विद्यार्थी	शिक्षा का केंद्र, आत्मा का वाहक
शिक्षक	मार्गदर्शक, आत्मा को जाग्रत करने वाला
शिक्षा का माध्यम	मातृभाषा, सरल भाषा
शिक्षण विधियाँ	संवाद, प्रेरणा, आत्म-अनुशीलन

16.6 स्त्री शिक्षा पर दृष्टिकोण / View on Women's Education

स्वामी जी स्त्रियों की शिक्षा के प्रबल पक्षधर थे। उन्होंने कहा:

"There is no chance for the welfare of the world unless the condition of women is improved."
(जब तक नारी की स्थिति नहीं सुधरेगी, तब तक संसार का कल्याण संभव नहीं है।)

16.7 धार्मिक शिक्षा और धर्म निरपेक्षता / Religious & Secular Outlook

- स्वामी जी धार्मिकता को नैतिकता का आधार मानते थे
- वे **सांप्रदायिकता के विरोधी** और **सर्वधर्म समभाव** के समर्थक थे
- शिक्षा का उद्देश्य आध्यात्मिक उन्नयन है, न कि धर्म का प्रचार

16.8 स्वामी विवेकानंद और व्यावसायिक शिक्षा / Vocational Education

स्वामी जी ने कहा कि भारतीयों को केवल पुस्तकीय ज्ञान नहीं, बल्कि **कौशल-आधारित शिक्षा** की भी ज़रूरत है जिससे वे आत्मनिर्भर बनें।

"Teach them to work with their own hands. Make them strong."

16.9 समकालीन प्रासंगिकता / Contemporary Relevance

क्षेत्र	प्रासंगिकता
NEP 2020	समग्र शिक्षा, नैतिकता, स्किल डेवलपमेंट

Value-based Education	चरित्र निर्माण का आधार
Personality Development	आत्म-प्रेरणा, आत्म-विश्वास
Inclusive Education	स्त्री और वंचित वग की शिक्षा

16.10 शैक्षिक योगदान का मूल्यांकन / Critical Evaluation

- शिक्षा को आत्म-विकास और समाज सेवा से जोड़ा
- शिक्षा को आध्यात्मिक, नैतिक और सामाजिक चेतना से जोड़ा
- शिक्षा को **राष्ट्रनिर्माण का औजार** बनाया
- **आधुनिक भारत के युवा शक्ति** के प्रेरणास्त्रोत बने

16.11 प्रसिद्ध कथन / Famous Quotations

"उठो, जागो और तब तक मत रुको जब तक लक्ष्य की प्राप्ति न हो जाए।"

(Arise, awake, and stop not till the goal is reached.)

"नर सेवा ही नारायण सेवा है।"

(Service to man is service to God.)

16.12 अभ्यास प्रश्न / Practice Questions

वर्णात्मक प्रश्न / Descriptive

1. स्वामी विवेकानंद के अनुसार शिक्षा का उद्देश्य क्या है?
2. स्वामी विवेकानंद के शैक्षिक दर्शन की विशेषताओं पर प्रकाश डालिए।
3. स्वामी विवेकानंद की स्त्री शिक्षा संबंधी दृष्टि की विवेचना कीजिए।

4. स्वामी विवेकानंद का शैक्षिक दर्शन आधुनिक शिक्षा में किस प्रकार प्रासंगिक है?

वस्तुनिष्ठ प्रश्न / MCQs

1. स्वामी विवेकानंद का जन्म किस वर्ष हुआ था?
   a) 1857
   b) 1863 ☑
   c) 1875
   d) 1902
2. "Education is the manifestation of perfection already in man" यह किसका कथन है?
   a) गांधीजी
   b) टैगोर
   c) विवेकानंद ☑
   d) अरविंद
3. स्वामी विवेकानंद किस गुरु के शिष्य थे?
   a) रामकृष्ण परमहंस ☑
   b) दयानंद सरस्वती
   c) राममोहन राय
   d) विनोबा भावे
4. "Arise, awake, and stop not till the goal is reached" – यह किसका प्रसिद्ध कथन है?
   a) महात्मा गांधी
   b) भगत सिंह
   c) स्वामी विवेकानंद ☑
   d) सुभाष चंद्र बोस

स्वामी विवेकानंद का शैक्षिक दर्शन भारतीय संस्कृति, नैतिकता और आध्यात्मिकता का मिश्रण है। उनकी शिक्षा व्यक्ति के आंतरिक विकास और समाज के कल्याण की दिशा में प्रेरित करती है।

Swami Vivekananda's educational philosophy integrates Indian culture, ethics, and spirituality. His vision of education focuses on **inner growth**, **character formation**, and **national welfare**.

अध्याय 17: रवीन्द्रनाथ टैगोर का शैक्षिक दर्शन
Educational Philosophy of Rabindranath Tagore

17.1 परिचय / Introduction

रवीन्द्रनाथ टैगोर (1861–1941) नोबेल पुरस्कार विजेता कवि, दार्शनिक, शिक्षाविद और मानवतावादी थे। उन्होंने शिक्षा को स्वतंत्रता, सृजनात्मकता और प्रकृति से जुड़ाव का माध्यम माना।

Rabindranath Tagore (1861–1941), a Nobel laureate poet, philosopher, educationist, and humanist, envisioned education as a means of **freedom**, **creativity**, and **harmony with nature**.

17.2 शिक्षा की परिभाषा / Definition of Education

"The highest education is that which does not merely give us information but makes our life in harmony with all existence."
(सर्वोच्च शिक्षा वह है जो केवल जानकारी नहीं देती, बल्कि जीवन को समस्त अस्तित्व के साथ सामंजस्य में लाती है।)

17.3 शिक्षा के उद्देश्य / Aims of Education

उद्देश्य / Aims	विवरण / Description
स्वतंत्रता और रचनात्मकता	बच्चों की स्वतंत्र सोच और कल्पनाशक्ति का विकास
प्रकृति से जुड़ाव	प्राकृतिक परिवेश में शिक्षण
मानवता और विश्वबंधुत्व	सार्वभौमिक चेतना और मानवतावाद
पूर्ण व्यक्तित्व विकास	बौद्धिक, नैतिक, सौंदर्यबोधात्मक और आध्यात्मिक विकास
कलात्मक अभिव्यक्ति	संगीत, चित्रकला, नृत्य का समावेश

17.4 शिक्षण पद्धति / Teaching Methods

पद्धति / Method	विवरण / Description
अनुभव आधारित शिक्षा	सीखने का अनुभव वास्तविक जीवन से जुड़ा हो
प्राकृतिक परिवेश में शिक्षण	कक्षा की दीवारों से बाहर शिक्षा
स्वतंत्र गतिविधियाँ	बच्चों को अपने ढंग से खोज करने की छूट
सह-शिक्षा और समवयस्क सहयोग	बालकों में सहयोग की भावना का विकास
कला-संगीत का एकीकरण	सौंदर्यबोध और आत्म-अभिव्यक्ति का विकास

17.5 शिक्षक की भूमिका / Role of Teacher

- शिक्षक एक **मित्र, मार्गदर्शक और प्रेरक** होता है
- शिक्षक को बालक की रुचि, जिज्ञासा और स्वतंत्रता का सम्मान करना चाहिए
- शिक्षक को स्वयं **जीवन और प्रकृति का साधक** होना चाहिए

17.6 शांति निकेतन की अवधारणा / Concept of Shantiniketan

- टैगोर ने 1901 में **बोलपुर (पश्चिम बंगाल)** में शांति निकेतन की स्थापना की
- यह विद्यालय एक प्राकृतिक गुरुकुल था जहाँ शिक्षक और छात्र खुली हवा में अध्ययन करते थे
- शिक्षा के साथ-साथ संगीत, नाटक, चित्रकला, नृत्य का समावेश था

17.7 वैश्विक शिक्षा दृष्टिकोण / Internationalism in Education

टैगोर ने **विश्वभारती विश्वविद्यालय** की स्थापना की, जिसका उद्देश्य था –

"Where the world makes a home in a single nest."

(जहाँ संपूर्ण विश्व एक नीड़ में बसे।)

- अंतरराष्ट्रीय विद्यार्थियों और विचारों का आदान-प्रदान
- संस्कृति और मानवता को जोड़ने वाला मंच

17.8 टैगोर का धर्म और नैतिकता पर दृष्टिकोण / Tagore's View on Religion and Morality

- टैगोर धर्म को **अधिभौतिक नहीं बल्कि मानवतावादी अनुभव** मानते थे
- नैतिकता शिक्षा का मूल आधार है
- वे धार्मिक कट्टरता के विरोधी थे और **सार्वभौमिक नैतिक मूल्यों** के समर्थक थे

17.9 टैगोर और आधुनिक शिक्षा प्रणाली / Tagore and Modern Education

क्षेत्र	योगदान
बाल केंद्रित शिक्षा	शिक्षा बालक की रुचियों और क्षमताओं के अनुसार
क्रिएटिव एजुकेशन	संगीत, कविता, कला आदि का शिक्षण में समावेश
सांस्कृतिक समावेशन	भारतीय संस्कृति और वैश्विक संस्कृति का समन्वय
होलिस्टिक डेवलपमेंट	केवल अकादमिक नहीं, संपूर्ण व्यक्तित्व का विकास

17.10 टैगोर की शैक्षिक विचारधारा की आलोचना / Criticism

- परंपरागत अकादमिक ढांचे से भिन्न होने के कारण मुख्यधारा में सीमित प्रभाव
- ग्रामीण भारत की समस्याओं से जुड़ाव अपेक्षाकृत कम
- अधिक आदर्शवादी दृष्टिकोण, व्यवहारिक बाधाओं की अनदेखी

17.11 प्रसिद्ध उद्धरण / Famous Quotations

"A lamp can never light another lamp unless it continues to burn its own flame."

(एक दीपक तब तक दूसरे दीपक को प्रकाशित नहीं कर सकता जब तक वह स्वयं न जल रहा हो।)

"Don't limit a child to your own learning, for he was born in another time."

(बच्चे को अपने ज्ञान की सीमा में मत बाँधो, क्योंकि वह एक और युग में जन्मा है।)

17.12 अभ्यास प्रश्न / Practice Questions

वर्णात्मक प्रश्न / Descriptive

1. रवीन्द्रनाथ टैगोर के अनुसार शिक्षा के उद्देश्य क्या हैं?
2. शांति निकेतन की विशेषताओं पर प्रकाश डालिए।
3. टैगोर की शिक्षा पद्धति में स्वतंत्रता और कला का क्या स्थान है?
4. टैगोर के अंतरराष्ट्रीय दृष्टिकोण का मूल्यांकन कीजिए।

वस्तुनिष्ठ प्रश्न / MCQs

1. रवीन्द्रनाथ टैगोर को किस काव्य रचना के लिए नोबेल पुरस्कार मिला?

   a) गीतांजलि ✅

   b) गोरा

   c) मानवतावाद

   d) शिशु
2. शांति निकेतन की स्थापना कब हुई?

   a) 1901 ✅

   b) 1913

c) 1921

d) 1941

3. टैगोर की शिक्षण विधि किस पर आधारित थी?

a) कठोर अनुशासन

b) परीक्षा प्रणाली

c) प्राकृतिक परिवेश में सीखना ✓

d) व्यावसायिक प्रशिक्षण

4. टैगोर द्वारा स्थापित विश्वविद्यालय का नाम क्या है?

a) शांतिवन

b) नवभारत

c) विश्वभारती ✓

d) भारती निकेतन

टैगोर का शैक्षिक दर्शन स्वतंत्रता, प्रकृति, रचनात्मकता और मानवता पर आधारित है। वे शिक्षा को जीवन के सौंदर्य, नैतिकता और आत्म-अभिव्यक्ति का माध्यम मानते हैं।

Tagore's educational philosophy is rooted in **freedom, nature, creativity, and humanism**. He believed that education should reflect **aesthetic beauty**, **moral growth**, and **self-expression**.

अध्याय 18: महात्मा गांधी का शैक्षिक दर्शन
Educational Philosophy of Mahatma Gandhi

18.1 परिचय / Introduction

महात्मा गांधी (1869–1948) एक महान स्वतंत्रता सेनानी, आध्यात्मिक नेता और समाज सुधारक थे। वे शिक्षा को आत्मनिर्भरता, नैतिकता और सेवा का माध्यम मानते थे।

Mahatma Gandhi (1869–1948) was a great freedom fighter, spiritual leader, and social reformer. He viewed education as a means for **self-reliance**, **morality**, and **social service**.

18.2 बुनियादी शिक्षा (नैतिक शिक्षा) की अवधारणा / Concept of Basic (Nai Talim) Education

"By education I mean an all-round drawing out of the best in child and man—body, mind and spirit."
(मेरे लिए शिक्षा का अर्थ है – शरीर, मन और आत्मा के सर्वोत्तम गुणों का समग्र विकास।)

गांधी जी की शिक्षा पद्धति को **"बुनियादी शिक्षा"** या **"नई तालीम"** कहा जाता है।

18.3 गांधी जी के शिक्षा दर्शन के प्रमुख उद्देश्य / Major Aims of Gandhian Education

उद्देश्य / Aim	विवरण / Description

स्वावलंबन	शिक्षा को आजीविका से जोड़ना
श्रम का सम्मान	हाथ के कार्य को सम्मान देना
नैतिक एवं आध्यात्मिक विकास	सत्य, अहिंसा, और आत्म-नियंत्रण का विकास
राष्ट्र निर्माण	स्वदेशी, स्वराज और ग्राम स्वराज का समर्थन
सर्वांगीण विकास	शरीर, मन और आत्मा का संतुलित विकास

18.4 शिक्षण के प्रमुख तत्व / Key Elements of Gandhian Education

- श्रम आधारित शिक्षा (Work-Centered Learning)
- चरित्र निर्माण और नैतिक मूल्यों की प्रधानता
- प्रकृति और स्थानीय परिवेश के अनुरूप शिक्षा
- कला, हस्तशिल्प, और कौशल विकास
- ग्राम आधारित शिक्षा प्रणाली (Village-centered education)

18.5 'नई तालीम' की विशेषताएँ / Features of Nai Talim

विशेषता / Feature	विवरण / Explanation
समग्र शिक्षा	शिक्षा केवल बौद्धिक नहीं, व्यवहारिक और नैतिक भी हो
काम के साथ शिक्षा	उत्पादन काय के साथ शिक्षा देना
अनुभवात्मक अधिगम	सीखने की प्रक्रिया अनुभव आधारित हो
स्थानीयता पर बल	स्थानीय भाषा, संसाधन और संस्कृति का समावेश
शिक्षक की भूमिका	शिक्षक एक **सेवक**, **मार्गदर्शक**, और **मित्र**

18.6 गांधी जी और महिला शिक्षा / Gandhi and Women's Education

- समान अवसरों का समर्थन
- स्त्रियों को आत्मनिर्भर बनाने की शिक्षा
- घरेलू काय के साथ सामाजिक जागरूकता का समावेश

18.7 गांधी जी और नैतिक शिक्षा / Gandhi and Moral Education

- शिक्षा का उद्देश्य चरित्र निर्माण होना चाहिए
- सत्य, अहिंसा, ब्रह्मचर्य, अपरिग्रह और स्वच्छता जैसे मूल्य
- जीवन को सेवा, त्याग और सादगी से जोड़ने की प्रेरणा

18.8 गांधी जी की आलोचना / Criticism of Gandhian Education

आलोचना बिंदु / Point of Criticism	विवरण / Description
औद्योगिक आवश्यकताओं की अनदेखी	आधुनिक टेक्नोलॉजी या शहरी आवश्यकताओं के अनुरूप नहीं
अत्यधिक आदर्शवाद	व्यवहारिक कठिनाइयाँ, संसाधनों की कमी
परंपरागत शिक्षा से भिन्नता	मुख्यधारा की शिक्षा प्रणाली से अलग

18.9 गांधी जी की शिक्षा के प्रति स्थायी देन / Legacy of Gandhi in Education

- **Skill-based education** की नींव
- शिक्षा में **मूल्यांकन की भूमिका** को मजबूत किया
- शिक्षा को **राष्ट्र निर्माण से जोड़ा**
- **NEP 2020** में भी **vocational education** और **श्रम** को महत्व मिला – गांधी विचारों की पुनर्पुष्टि

18.10 प्रसिद्ध उद्धरण / Famous Quotations

"Literacy is not the end of education nor even the beginning."
(साक्षरता न तो शिक्षा का अंत है और न ही उसका प्रारंभ।)

"Education which does not mould character is absolutely worthless."
(जो शिक्षा चरित्र नहीं बनाती, वह व्यर्थ है।)

18.11 अभ्यास प्रश्न / Practice Questions

वर्णात्मक प्रश्न / Descriptive Questions

1. गांधी जी की बुनियादी शिक्षा की विशेषताओं का वर्णन कीजिए।
2. गांधी जी के अनुसार शिक्षा में नैतिक मूल्यों का क्या महत्व है?
3. नई तालीम और वर्तमान शिक्षा प्रणाली की तुलना कीजिए।
4. गांधी जी की शिक्षा विचारधारा की आलोचना कीजिए।

वस्तुनिष्ठ प्रश्न / MCQs

1. गांधी जी की शिक्षा पद्धति को क्या कहा जाता है?
   a) सर्वोदय शिक्षा
   b) नई तालीम ✅
   c) पंचशील शिक्षा
   d) लोक शिक्षा
2. गांधी जी के अनुसार शिक्षा का मुख्य उद्देश्य क्या है?
   a) नौकरी पाना
   b) परीक्षा पास करना

c) चरित्र निर्माण ✅

d) तकनीकी कौशल

3. गांधी जी ने किस वर्ष बुनियादी शिक्षा की संकल्पना प्रस्तुत की?

a) 1920

b) 1937 ✅ (Wardha Scheme)

c) 1942

d) 1947

4. गांधी जी के अनुसार कौन-सा मूल्य शिक्षा में सबसे महत्वपूर्ण है?

a) धन संचय

b) प्रतियोगिता

c) सत्य ✅

d) विलासिता

गांधी जी की शिक्षा प्रणाली 'नई तालीम' श्रम, नैतिकता, स्वदेशी और ग्राम्य जीवन की भावना से ओत-प्रोत थी। यह आज भी वैकल्पिक शिक्षा और कौशल विकास के संदर्भ में प्रासंगिक है।

Gandhi's system of 'Nai Talim' emphasized labor, morality, self-reliance, and village life. It remains relevant today in the context of **skill development**, **value education**, and **alternative schooling**.

अध्याय 19: श्री अरविंद का शैक्षिक दर्शन
Educational Philosophy of Sri Aurobindo

19.1 परिचय / Introduction

श्री अरविंद घोष (1872–1950) एक महान भारतीय दार्शनिक, योगी, स्वतंत्रता सेनानी और शिक्षाशास्त्री थे। उन्होंने शिक्षा को **आध्यात्मिक विकास**, **आत्मबोध**, और **संपूर्ण मानवता की पूर्णता** का साधन माना।

Sri Aurobindo Ghosh (1872–1950) was a prominent Indian philosopher, yogi, freedom fighter, and educationist. He viewed education as a means to **spiritual growth**, **self-realization**, and the **complete evolution of humanity**.

19.2 श्री अरविंद के शिक्षा दर्शन की अवधारणा / Concept of Aurobindo's Educational Philosophy

"Education is the process of the soul's progress towards the light."
(शिक्षा आत्मा की प्रकाश की ओर यात्रा है।)

उनका शिक्षा दर्शन भारतीय संस्कृति, योग, वेदांत और मानवतावाद का सम्मिलित रूप है।

19.3 शिक्षा के उद्देश्य / Aims of Education

उद्देश्य / Aim	विवरण / Description

आत्मबोध (Self-realization)	आत्मा के परम स्वरूप की अनुभूति
पूर्ण विकास (Integral Development)	शारीरिक, मानसिक, बौद्धिक, भावनात्मक और आध्यात्मिक विकास
मानव का दिव्यीकरण (Divinization of Human)	मनुष्य में छिपे दिव्यता का विकास
राष्ट्र निर्माण	भारतीय संस्कृति एवं चेतना का जागरण
मुक्त चिंतन	स्वतंत्र विचार और आध्यात्मिक स्वतंत्रता का पोषण

19.4 'इंटीग्रल एजुकेशन' की अवधारणा / Concept of Integral Education

इंटीग्रल एजुकेशन (Integral Education) श्री अरविंद की विशिष्ट देन है, जिसमें शिक्षा के पाँच आयाम हैं:

1. शारीरिक शिक्षा (Physical Education)
    - शरीर को स्वस्थ, सशक्त और अनुशासित बनाना
2. **जीवनी शक्ति की शिक्षा (Vital Education)**
    - इच्छाओं, आवेगों और भावनाओं का नियंत्रण
3. **बौद्धिक शिक्षा (Mental Education)**
    - तार्किक और विश्लेषणात्मक क्षमताओं का विकास
4. **मनोवैज्ञानिक शिक्षा (Psychic Education)**
    - आत्मा के संपर्क में आने की प्रक्रिया
5. **आध्यात्मिक शिक्षा (Spiritual Education)**
    - आत्मबोध और ब्रह्मबोध की दिशा में यात्रा

19.5 शिक्षा की प्रक्रिया / Process of Education

- **स्वाभाविक विकास पर बल** (Emphasis on Natural Growth)

- बाह्य अनुशासन के बजाय आंतरिक अनुशासन (Internal Discipline)
- शिक्षक का कार्य 'प्रकाशक' और 'प्रेरक' के रूप में
- पाठ्यक्रम का लचीला स्वरूप
- योग और ध्यान का समावेश

19.6 शिक्षक की भूमिका / Role of Teacher

भूमिका / Role	विवरण / Description
मार्गदर्शक (Guide)	शिक्षार्थी को आत्मा से परिचित कराने वाला
प्रेरक (Inspirer)	शिक्षा में रूचि और ऊर्जा भरने वाला
नियामक नहीं, सहायक	जबरदस्ती नहीं, सहयोग द्वारा शिक्षण
आत्मबोध की ओर प्रेरित करने वाला	केवल ज्ञान नहीं, आत्मचेतना का विकास करने वाला

19.7 अरविंद की शिक्षा प्रणाली की विशेषताएँ / Key Features

- शिक्षा का आध्यात्मिक दृष्टिकोण
- मन, हृदय, और आत्मा का समेकित विकास
- शांति, मौन और ध्यान के माध्यम से शिक्षा
- भारतीय संस्कृति और वैश्विक चेतना का समन्वय
- व्यक्तिगत स्वतंत्रता और नैतिक स्वशासन

19.8 श्री अरविंद और आध्यात्मिक शिक्षा / Sri Aurobindo and Spiritual Education

- शिक्षा को **"Yoga of the soul"** माना
- सच्ची शिक्षा का अर्थ है **आत्मा की खोज** और **आंतरिक रोशनी** की प्राप्ति
- उन्होंने **'The Life Divine'**, **'Integral Yoga'**, और **'The Human Cycle'** जैसे ग्रंथों के माध्यम से शिक्षा के गहरे आयामों को उजागर किया

19.9 प्रसिद्ध उद्धरण / Famous Quotes

"Nothing can be taught, but everything can be learned."
(कुछ सिखाया नहीं जा सकता, लेकिन सब कुछ सीखा जा सकता है।)

"The first principle of true teaching is that nothing can be taught."

19.10 शैक्षिक प्रभाव और प्रासंगिकता / Educational Implications and Relevance

- NEP 2020 में **शारीरिक, मानसिक और नैतिक विकास** की बात — अरविंदीय दृष्टिकोण से मेल
- विद्यालयों में **मूल्य शिक्षा, योग और ध्यान** का समावेश
- **Whole Child Development** और **Holistic Education** की वैश्विक चर्चा में अरविंद विचार प्रासंगिक
- **International Education Models** में भी Integral Education की झलक

19.11 अभ्यास प्रश्न / Practice Questions

वर्णात्मक प्रश्न / Descriptive Questions

1. श्री अरविंद की 'इंटीग्रल एजुकेशन' की अवधारणा का विवेचन कीजिए।
2. श्री अरविंद के अनुसार शिक्षा के उद्देश्य क्या हैं?
3. श्री अरविंद के शैक्षिक दर्शन की विशेषताएँ स्पष्ट कीजिए।
4. अरविंदीय शिक्षा पद्धति की वर्तमान प्रासंगिकता पर टिप्पणी कीजिए।

वस्तुनिष्ठ प्रश्न / MCQs

1. श्री अरविंद के अनुसार शिक्षा किसका विकास होना चाहिए?

   a) केवल बौद्धिक

   b) केवल शारीरिक

   c) संपूर्ण व्यक्ति ☑

   d) केवल सामाजिक

2. 'Nothing can be taught' किसका प्रसिद्ध कथन है?

   a) गांधी जी

   b) टैगोर

   c) श्री अरविंद ☑

   d) विवेकानंद

3. श्री अरविंद की शिक्षा प्रणाली में कितने अंग हैं?

   a) 3

   b) 4

   c) 5 ☑

   d) 6

4. श्री अरविंद की शिक्षा पद्धति का क्या नाम है?

   a) Nai Talim

   b) Integral Education ☑

   c) Value Education

   d) Practical Education

श्री अरविंद का शैक्षिक दर्शन आत्मा की यात्रा, स्वतंत्र चिंतन और पूर्ण मानव विकास की ओर प्रेरित करता है। उनकी इंटीग्रल एजुकेशन आज की समग्र शिक्षा प्रणाली के लिए अत्यंत उपयोगी सिद्ध हो रही है।

Sri Aurobindo's philosophy of education encourages the soul's progress, free thinking and total human development. His Integral Education is highly relevant to today's holistic and humanistic education systems.

खंड 6: पाश्चात्य दर्शन और शिक्षा

Western Schools of Philosophy and Education

अध्याय 20: आदर्शवाद (Idealism)

20.1 परिचय / Introduction

आदर्शवाद एक प्रमुख दार्शनिक दृष्टिकोण है जो यह मानता है कि वास्तविकता (Reality) भौतिक नहीं बल्कि मानसिक, आत्मिक या आध्यात्मिक है। यह विचारधारा Plato से शुरू होकर Kant, Hegel, और भारत में शंकराचार्य जैसे दार्शनिकों में दिखाई देती है।

Idealism is a major philosophical school of thought that asserts that reality is essentially mental, spiritual, or ideal rather than material. It traces back to Plato and finds expression in the works of thinkers like Kant, Hegel, and Shankaracharya.

20.2 आदर्शवाद की परिभाषाएँ / Definitions of Idealism

◇ **Plato**: "Ideas are the only reality."

◇ **Dr. Rusk**: "Idealism believes in the primacy of spirit, mind or soul."

◇ **Shankaracharya (Advaita Vedanta)**: "ब्रह्म सत्यम्, जगन्मिथ्या, जीवो ब्रह्मैव नापरः।"

20.3 आदर्शवाद की प्रमुख विशेषताएँ / Key Features of Idealism

विशेषता (Feature)	विवरण (Explanation)
आत्मा का अस्तित्व	आत्मा ही शाश्वत और यथार्थ है।
ज्ञान की सर्वोच्चता	ज्ञान, विवेक और सच्चाई सर्वोच्च हैं।
नैतिक और आध्यात्मिक मूल्य	नैतिकता, धर्म, और सत्य पर बल।
शिक्षक का महत्व	शिक्षक को मार्गदर्शक, गुरु और आदर्श के रूप में देखा जाता है।
चरित्र निर्माण पर बल	शिक्षा का प्रमुख उद्देश्य चरित्र निर्माण है।

20.4 आदर्शवाद के प्रमुख चिंतक / Major Thinkers of Idealism

दार्शनिक (Philosopher)	देश / परंपरा	योगदान
प्लेटो (Plato)	यूनान	आदर्श राज्य, शाश्वत सत्य और 'Theory of Forms'
कांट (Immanuel Kant)	जर्मनी	Transcendental Idealism
हेगेल (Hegel)	जर्मनी	Absolute Idealism
शंकराचार्य	भारत	अद्वैत वेदांत, माया सिद्धांत
स्वामी विवेकानंद	भारत	आत्मा और ईश्वर की सर्वोच्चता पर बल

20.5 शिक्षा में आदर्शवाद के उद्देश्य / Educational Aims of Idealism

उद्देश्य (Aim)	विवरण (Description)
आत्मा का विकास	आत्मा के गुणों का जागरण और विकास
नैतिक शिक्षा	सद्गुणों का विकास और अनुशासित जीवन
चारित्रिक शिक्षा	ईमानदारी, साहस, करुणा जैसे गुणों का विकास
आध्यात्मिक शिक्षा	आत्मा और परमात्मा की अनुभूति
ज्ञान की प्राप्ति	सत्य, सौंदर्य और कल्याण की खोज

20.6 शिक्षा के अंगों में आदर्शवाद / Idealism in Elements of Education

1. शिक्षक (Teacher):

- गुरु को ईश्वर के समान माना गया है।
- शिक्षक का कार्य केवल ज्ञान देना नहीं, बल्कि आत्मा को जागृत करना है।

2. विद्यार्थी (Student):

- आत्मा से युक्त एक दिव्य शक्ति के रूप में देखा जाता है।
- शिक्षक के निर्देशन में उसका विकास होता है।

3. पाठ्यक्रम (Curriculum):

- नैतिक, धार्मिक, साहित्यिक एवं कलात्मक विषयों को प्राथमिकता
- शास्त्रों, इतिहास, दर्शन, एवं जीवनी आधारित शिक्षा

4. विधि (Method):

- संवाद विधि (Socratic Method),

- आत्मा जागरण हेतु प्रश्नोत्तर, चिंतन एवं ध्यान
- अनुकरण (Imitation), आदर्श प्रदर्शन

20.7 आदर्शवाद की विशेषताएँ (Bullet Points में)

- ☑ आत्मा एवं ईश्वर की सर्वोच्चता
- ☑ शिक्षा का उद्देश्य – आत्मा का विकास
- ☑ शिक्षक – आदर्श, मार्गदर्शक, प्रेरणास्रोत
- ☑ चरित्र निर्माण को सर्वाधिक महत्व
- ☑ विचारों, नैतिकता और उच्च मूल्यों पर बल
- ☑ भौतिकता से अधिक अध्यात्म की ओर झुकाव

20.8 आदर्शवाद की आलोचना / Criticism of Idealism

आलोचना	विवरण
अव्यावहारिक	भौतिक आवश्यकताओं की उपेक्षा करता है
आधुनिक विज्ञान से भिन्न	अनुभवजन्य (Empirical) प्रमाणों की कमी
व्यक्तित्व विकास का एक पक्ष	केवल आत्मा पर बल, शरीर और समाज की उपेक्षा
सामाजिक और व्यावसायिक शिक्षा की उपेक्षा	व्यावसायिक दक्षता पर बल नहीं देता

20.9 शैक्षिक प्रभाव एवं प्रासंगिकता / Educational Implications and Relevance

- नैतिक शिक्षा और मूल्य आधारित शिक्षा की आज भी प्रासंगिकता
- भारत के **नई शिक्षा नीति 2020** में "चरित्र निर्माण" पर बल — आदर्शवाद से मेल
- गुरु-शिष्य परंपरा का समर्थन
- शिक्षकों की भूमिका को सम्मान देना
- विद्यालयों में योग, ध्यान, नैतिक शिक्षा के पुनर्प्रस्थापन की आवश्यकता

20.10 महत्त्वपूर्ण उद्धरण / Important Quotes

"Education is the process of unfolding the ideal that lies within." – Plato

(शिक्षा उस आदर्श को प्रकट करने की प्रक्रिया है जो भीतर छिपा है।)

"Character is the crown and glory of life." – Swami Vivekananda

20.11 अभ्यास प्रश्न / Practice Questions

दीर्घ उत्तरीय प्रश्न / Long Answer Type

1. आदर्शवाद की विशेषताओं का वर्णन कीजिए।
2. आदर्शवादी शिक्षा दर्शन के उद्देश्य क्या हैं?
3. आदर्शवाद की आलोचना करते हुए उसकी वर्तमान प्रासंगिकता स्पष्ट कीजिए।
4. Plato और Shankaracharya के आदर्शवाद में तुलनात्मक विवेचन कीजिए।

वस्तुनिष्ठ प्रश्न / MCQs

1. आदर्शवाद के अनुसार सर्वोच्च सत्ता कौन है?

    a) शरीर

    b) समाज

    c) आत्मा ✅

    d) प्रकृति

2. 'Theory of Forms' किस दार्शनिक से संबंधित है?

    a) Kant

    b) Plato ✅

    c) Hegel

    d) Rousseau

3. आदर्शवादी शिक्षा का मुख्य उद्देश्य क्या है?

    a) व्यावसायिक दक्षता

    b) सामाजिक समायोजन

    c) आत्मा का विकास ✅

    d) खेल-कूद का विकास

4. "ब्रह्म सत्यम्, जगन्मिथ्या" किसका सिद्धांत है?

    a) विवेकानंद

    b) शंकराचार्य ✅

    c) अरविंद

    d) टैगोर

आदर्शवाद एक ऐसा दर्शन है जो आत्मा, नैतिकता, और आध्यात्मिकता को शिक्षा का मूल मानता है। यह दर्शन शिक्षा को आत्मा के विकास, चरित्र निर्माण और सच्चे ज्ञान की खोज का साधन मानता है। यद्यपि इसकी कुछ सीमाएँ हैं, फिर भी वर्तमान युग में यह शिक्षा की मूल आत्मा को पुनर्स्थापित करने में सहायक हो सकता है।

Idealism upholds soul, morality, and spirituality as the core of education. Despite some criticisms, its focus on character building and self-realization makes it relevant even in the 21st century.

अध्याय 21: यथार्थवाद (Realism)

21.1 परिचय / Introduction

यथार्थवाद (Realism) एक महत्वपूर्ण दार्शनिक विचारधारा है जो यह मानती है कि संसार वस्तुतः जैसा है, उसे उसी रूप में स्वीकार करना चाहिए। यह दर्शन भौतिक जगत की वास्तविकता, अनुभवजन्य ज्ञान और वैज्ञानिक पद्धति पर बल देता है।

Realism is a major philosophical outlook that emphasizes accepting the world as it actually is. It values objective reality, empirical knowledge, and scientific methods, focusing on facts over ideal or imaginary concepts.

21.2 यथार्थवाद की परिभाषाएँ / Definitions of Realism

◇ **Aristotle** – "Reality exists independent of the human mind."
◇ **John Wild** – "Realism is the assertion that there is a reality independent of the mind."
◇ **Dr. Rusk** – "Realism emphasizes the world of facts, things and relations."

21.3 यथार्थवाद की प्रमुख विशेषताएँ / Key Features of Realism

विशेषता (Feature)	विवरण (Explanation)
वस्तुनिष्ठ यथार्थ	वस्तुएँ और घटनाएँ हमारे अनुभव से परे भी अस्तित्व रखती हैं।

इंद्रिय ज्ञान पर बल	ज्ञान इंद्रियों के माध्यम से प्राप्त होता है।
वैज्ञानिक दृष्टिकोण	विज्ञान और तार्किक परीक्षण पर आधारित शिक्षा।
मानव प्रकृति का महत्व	मानव प्रकृति को समझकर शिक्षा प्रदान करना।
व्यवहारिक शिक्षा	शिक्षा को जीवन के यथार्थ से जोड़ना।

21.4 यथार्थवाद के प्रकार / Types of Realism

1. **भौतिक यथार्थवाद (Physical Realism)**
    - वस्तुएँ वास्तविक हैं और इंद्रियों द्वारा जानी जा सकती हैं।
2. **सामाजिक यथार्थवाद (Social Realism)**
    - सामाजिक वातावरण और संबंधों की वास्तविकता को स्वीकार करता है।
3. **मानव यथार्थवाद (Human Realism)**
    - मानव स्वभाव, व्यवहार और विकास को महत्व देता है।
4. **नैतिक यथार्थवाद (Moral Realism)**
    - नैतिक मूल्यों को भी वस्तुनिष्ठ और अनुभवसिद्ध मानता है।

21.5 यथार्थवाद के प्रमुख चिंतक / Major Thinkers of Realism

दार्शनिक (Philosopher)	योगदान (Contribution)
अरस्तू (Aristotle)	प्रकृति और वस्तुनिष्ठ यथार्थ का समर्थन
जॉन लॉक (John Locke)	अनुभववाद का प्रवर्तन
फ्रांसिस बेकन (Francis Bacon)	वैज्ञानिक विधि के जनक
थोमस एक्विनास (Thomas Aquinas)	विश्वास और तर्क का समन्वय

बट्रड रसेल (Bertrand Russell)	आधुनिक विश्लेषणात्मक यथार्थवाद

21.6 यथार्थवादी शिक्षा दर्शन के उद्देश्य / Aims of Realist Educational Philosophy

उद्देश्य (Aim)	विवरण (Description)
ज्ञान प्रदान करना	अनुभव और अवलोकन से सत्य को जानना
जीवन के लिए तैयारी	व्यावसायिक एवं व्यावहारिक शिक्षा
प्राकृतिक विकास	बालक की स्वाभाविक प्रवृत्तियों का विकास
सामाजिक समायोजन	सामाजिक जीवन के लिए योग्य बनाना
आलोचनात्मक चिंतन	तार्किक और वैज्ञानिक सोच का विकास

21.7 शिक्षा के तत्वों में यथार्थवाद / Realism in Educational Elements

1. शिक्षक (Teacher):

- एक मार्गदर्शक और नियंत्रक की भूमिका में
- अनुभव आधारित शिक्षा का समर्थक

2. विद्यार्थी (Student):

- एक सामाजिक एवं जैविक प्राणी
- शिक्षा के केंद्र में प्रकृति और अनुभव के माध्यम से सीखता है

3. पाठ्यक्रम (Curriculum):

- विज्ञान, गणित, भूगोल, भाषा आदि को प्राथमिकता
- व्यावसायिक विषयों का समावेश
- प्रयोगात्मक शिक्षण और कौशल आधारित शिक्षा

4. शिक्षण विधियाँ (Methods):

- अवलोकन (Observation)
- प्रयोग (Experimentation)
- परियोजना विधि (Project Method)
- समस्या समाधान (Problem Solving)

21.8 यथार्थवाद की विशेषताएँ – बिंदुवार / Bullet Points

- ☑ वस्तुनिष्ठ यथार्थ में विश्वास
- ☑ इंद्रिय अनुभव पर आधारित ज्ञान
- ☑ विज्ञान एवं तर्क का महत्त्व
- ☑ व्यावहारिक, व्यावसायिक एवं उपयोगी शिक्षा
- ☑ जीवन के लिए उपयुक्त गुणों का विकास

21.9 आलोचना / Criticism of Realism

आलोचना	विवरण
आत्मिक पक्ष की उपेक्षा	आध्यात्मिकता एवं आत्मा को महत्व नहीं देता
नैतिक मूल्यों की अनदेखी	आदश और नैतिकताओं की अवहेलना
यांत्रिकता	व्यक्ति की रचनात्मकता और भावना की उपेक्षा
पूर्ण शिक्षा दर्शन नहीं	शिक्षा के समग्र उद्देश्य को सीमित करता है

21.10 प्रासंगिकता / Relevance of Realism

- **नई शिक्षा नीति 2020** में कौशल आधारित और अनुभवजन्य शिक्षा पर बल – यथार्थवाद से मेल
- STEM शिक्षा का प्रसार – विज्ञान और यथार्थवादी दृष्टिकोण
- राष्ट्रीय पाठ्यक्रम रूपरेखा (NCF) में **व्यावसायिक और नैतिक शिक्षा** की ज़रूरत
- शैक्षिक अनुसंधान एवं नवीन प्रयोगों का महत्त्व बढ़ा

21.11 प्रमुख उद्धरण / Key Quotes

"Education is the preparation for a complete life." – Herbert Spencer

"Nothing is in the intellect that was not first in the senses." – John Locke

21.12 अभ्यास प्रश्न / Practice Questions

दीर्घ उत्तरीय प्रश्न / Long Answer Type

1. यथार्थवाद के प्रमुख सिद्धांतों का वर्णन कीजिए।
2. शिक्षा में यथार्थवाद के प्रभावों को स्पष्ट कीजिए।
3. यथार्थवाद की विशेषताएँ और आलोचना की विवेचना कीजिए।
4. आदर्शवाद और यथार्थवाद में अंतर स्पष्ट कीजिए।

वस्तुनिष्ठ प्रश्न / MCQs

1. यथार्थवाद के अनुसार ज्ञान किससे प्राप्त होता है?

   a) अंतर्दृष्टि

   b) तर्क

   c) अनुभव ✅

   d) ध्यान

2. "Experience is the source of all knowledge" यह किसने कहा?

   a) Kant

   b) Plato

   c) John Locke ✅

   d) Rousseau

3. यथार्थवादी पाठ्यक्रम में प्रमुखता किसे दी जाती है?

   a) नैतिकता

   b) अध्यात्म

   c) विज्ञान और गणित ✅

   d) योग और ध्यान

4. यथार्थवाद किस पर बल नहीं देता?

   a) प्रयोगात्मक शिक्षा

   b) वैज्ञानिक दृष्टिकोण

   c) आत्मा का विकास ✅

   d) इंद्रिय अनुभव

यथार्थवाद एक व्यावहारिक और वैज्ञानिक दृष्टिकोण वाला दर्शन है जो शिक्षा को जीवनोपयोगी, वस्तुनिष्ठ और अनुभवसिद्ध मानता है। यह विद्यार्थी को समाज और प्रकृति के यथार्थ से जोड़ता है। वर्तमान समय में इसकी प्रासंगिकता अत्यधिक है।

Realism is a practical and scientific philosophy that views education as a means to acquire useful, objective, and experience-based knowledge. Its focus on reality, critical thinking, and utility makes it highly relevant today.

अध्याय 22: प्राकृतिकवाद (Naturalism)

22.1 परिचय / Introduction

प्राकृतिकवाद एक दार्शनिक विचारधारा है जो यह मानती है कि प्रकृति ही अंतिम सत्य है और सभी कुछ प्राकृतिक नियमों द्वारा संचालित होता है। यह शिक्षा को प्राकृतिक विकास की प्रक्रिया मानता है, जिसमें बालक स्वतंत्र रूप से अपने अनुभवों के माध्यम से सीखता है।

Naturalism is a philosophical doctrine that considers nature as the ultimate reality and holds that everything operates according to natural laws. In education, it emphasizes learning through direct experience and freedom, allowing children to grow naturally.

22.2 प्राकृतिकवाद की परिभाषाएँ / Definitions of Naturalism

◇ **J.S. Ross** – "Naturalism is a philosophical position adopted by those who interpret the universe in terms of natural forces and laws."

◇ **Joyce** – "Naturalism in education is the doctrine that education should conform to the natural processes of growth and development."

22.3 प्राकृतिकवाद के प्रकार / Types of Naturalism

प्रकार	विवरण
भौतिक प्राकृतिकवाद (Physical Naturalism)	प्रकृति को केवल भौतिक संसार के रूप में देखता है।
यांत्रिक प्राकृतिकवाद (Mechanical Naturalism)	मनुष्य को एक जैविक मशीन मानता है।

जैविक प्राकृतिकवाद (Biological Naturalism)	डार्विन के विकासवाद पर आधारित; शिक्षा विकास की प्रक्रिया है।

22.4 प्राकृतिकवाद की प्रमुख विशेषताएँ / Key Features of Naturalism

- ☑ प्रकृति ही अंतिम सत्य है।
- ☑ अनुभव और इंद्रिय ज्ञान को प्राथमिकता।
- ☑ शिक्षा का उद्देश्य प्राकृतिक विकास है।
- ☑ शिक्षक मार्गदर्शक नहीं, केवल निरीक्षक होता है।
- ☑ बालक को पूर्ण स्वतंत्रता मिलनी चाहिए।
- ☑ पाठ्यक्रम बालक की रुचि और आवश्यकता पर आधारित होना चाहिए।

22.5 प्राकृतिकवादी शिक्षा दर्शन / Naturalistic Educational Philosophy

उद्देश्य / Aims:

- बालक के प्राकृतिक विकास को प्रोत्साहित करना
- आत्म-अनुशासन और स्वतंत्रता का विकास
- इंद्रियों के माध्यम से ज्ञान प्राप्त कराना
- समाज की बजाय व्यक्ति के विकास पर बल देना

पाठ्यक्रम / Curriculum:

- व्यावहारिक, उपयोगी और बालक की रुचियों पर आधारित
- विज्ञान, कृषि, संगीत, कला, शारीरिक शिक्षा
- नैतिकता और धर्म को पाठ्यक्रम से बाहर रखना

शिक्षक / Teacher:

- हस्तक्षेप नहीं करता, केवल वातावरण निर्माण करता है
- बालक की स्वतंत्रता का आदर करता है
- अनावश्यक अनुशासन नहीं थोपता

विद्यार्थी / Learner:

- शिक्षा का केंद्र
- स्वतंत्र, स्वाभाविक रूप से सीखने वाला
- सामाजिक दबावों से मुक्त

22.6 प्राकृतिकवाद के प्रमुख दार्शनिक / Major Philosophers of Naturalism

दार्शनिक	योगदान
जीन जैक्स रूसो (J.J. Rousseau)	"Nature is the best teacher"; शिक्षा को प्राकृतिक बनाएं।
हर्बर्ट स्पेंसर (Herbert Spencer)	"Education according to nature"; वैज्ञानिक दृष्टिकोण का समर्थन।
चार्ल्स डार्विन (Charles Darwin)	विकासवाद (Theory of Evolution); जैविक दृष्टिकोण को बल दिया।

22.7 प्राकृतिकवाद की विशेषताएँ – बिंदुवार / Key Points Summary

☑ प्रकृति केंद्रित दृष्टिकोण
☑ अनुभवसिद्ध शिक्षा

- ☑ बाल केंद्रित शिक्षाशास्त्र
- ☑ सामाजिक और नैतिक विषयों की उपेक्षा
- ☑ स्वतंत्रता और आत्म-अनुशासन को महत्त्व

22.8 प्राकृतिकवाद की आलोचना / Criticism of Naturalism

आलोचना	विवरण
आत्मा, नैतिकता की उपेक्षा	आध्यात्मिक विकास पर ध्यान नहीं देता
पूर्ण अनुशासन का अभाव	अधिक स्वतंत्रता अराजकता को जन्म दे सकती है
समाज की उपेक्षा	सामाजिक उत्तरदायित्व को नकारता है
शिक्षक की भूमिका सीमित	मार्गदर्शन की कमी

22.9 प्रासंगिकता / Relevance of Naturalism

- **नई शिक्षा नीति 2020** में *बचपन केंद्रित शिक्षा* और *सीखने का आनंद* – प्राकृतिक दृष्टिकोण से मेल खाता है।
- अनुभव आधारित शिक्षण और *आउटडोर लर्निंग* में इसकी सोच सजीव है।
- बाल मनोविज्ञान पर आधारित शिक्षण विधियाँ, जैसे *Montessori* और *Activity-Based Learning*

22.10 प्रमुख उद्धरण / Important Quotes

"Everything is good as it comes from the hands of nature." – Rousseau

"Education is the process of drawing out the innate powers of the child." – Spencer

22.11 अभ्यास प्रश्न / Practice Questions

दीर्घ उत्तरीय प्रश्न / Long Answer Type

1. प्राकृतिकवाद की परिभाषा एवं प्रकारों का विवेचन कीजिए।
2. प्राकृतिकवादी शिक्षा दर्शन की विशेषताओं को स्पष्ट कीजिए।
3. जीन जैक्स रूसो के प्राकृतिक शिक्षा सिद्धांत का विश्लेषण कीजिए।
4. प्राकृतिकवाद की शिक्षा में प्रासंगिकता एवं आलोचना पर चर्चा कीजिए।

वस्तुनिष्ठ प्रश्न / MCQs

1. प्राकृतिकवाद किस पर बल देता है?

   a) अध्यात्म

   b) अनुभव ☑

   c) तर्क

   d) समाज
2. "Everything is good as it comes from the hands of nature." किसने कहा?

   a) Spencer

   b) Dewey

   c) Rousseau ☑

   d) Plato
3. प्राकृतिकवाद किसकी उपेक्षा करता है?

   a) स्वतंत्रता

   b) नैतिकता ☑

   c) अनुभव

   d) बालक की रुचि
4. हर्बर्ट स्पेंसर किस विचारधारा से जुड़े थे?

   a) आदर्शवाद

b) यथार्थवाद

c) प्राकृतिकवाद ☑

d) मानववाद

प्राकृतिकवाद शिक्षा को एक ऐसी प्रक्रिया मानता है जो बालक के प्राकृतिक विकास को प्रोत्साहित करती है। यह स्वतंत्रता, अनुभव और प्रकृति के अनुरूप सीखने पर बल देता है। यद्यपि इसमें आध्यात्मिक और नैतिक पक्ष की उपेक्षा की जाती है, फिर भी आज के शिक्षा दर्शन में इसकी उपयोगिता बनी हुई है।

Naturalism regards education as a process that supports the natural growth of the child. It emphasizes freedom, experience, and learning in harmony with nature. Though it neglects moral and spiritual dimensions, its practical value remains relevant in modern pedagogy.

अध्याय 23: प्रयोगवाद (Pragmatism)

23.1 परिचय / Introduction

प्रयोगवाद एक यथार्थवादी एवं व्यावहारिक दर्शन है जो यह मानता है कि सत्य और ज्ञान का मूल्य उनके व्यावहारिक परिणामों पर निर्भर करता है। यह अनुभव, प्रयोग और परिवर्तनशीलता को प्राथमिकता देता है।

Pragmatism is a realist and practical philosophy that holds that the value of truth and knowledge lies in their practical consequences. It emphasizes experience, experimentation, and flexibility.

23.2 प्रयोगवाद की परिभाषाएँ / Definitions of Pragmatism

William James – "Pragmatism is the attitude of looking away from first things, principles, categories and towards fruits, consequences and facts."
John Dewey – "Pragmatism is a philosophy that evaluates everything by its practical consequences and utility."

23.3 प्रयोगवाद की प्रमुख विशेषताएँ / Key Characteristics of Pragmatism

- ☑ अनुभव और प्रयोग पर बल
- ☑ सत्य सापेक्ष होता है – वह जो काम करता है वही सत्य है
- ☑ निरंतर परिवर्तनशीलता को स्वीकारना

- ☑ मनुष्य केंद्रित और समाज केंद्रित दर्शन
- ☑ लचीलापन, व्यावहारिकता और प्रयोगशीलता

23.4 प्रयोगवादी शिक्षा का दृष्टिकोण / Pragmatic View on Education

पक्ष	प्रयोगवादी दृष्टिकोण
उद्देश्य (Aims)	शिक्षा का उद्देश्य जीवन के लिए तैयारी नहीं, बल्कि जीवन ही है। समाजोपयोगी, लोकतांत्रिक मूल्यों की प्राप्ति।
पाठ्यक्रम (Curriculum)	अनुभव आधारित, रुचि आधारित, क्रियात्मक गतिविधियों से भरपूर। सामाजिक विज्ञान, कला, हस्तशिल्प, विज्ञान आदि को प्राथमिकता।
शिक्षण विधियाँ (Methods)	प्रोजेक्ट विधि, खोज आधारित शिक्षण, प्रयोग और अनुभव आधारित गतिविधियाँ।
शिक्षक की भूमिका (Role of Teacher)	मार्गदर्शक, सहभागी और सहायक; ज्ञान देने वाला नहीं बल्कि वातावरण बनाने वाला।
विद्यार्थी का स्थान (Learner's Role)	केंद्र बिंदु; सक्रिय, खोजी और समस्याओं को हल करने वाला।

23.5 प्रमुख प्रयोगवादी दार्शनिक / Major Pragmatist Philosophers

नाम	योगदान
John Dewey	शिक्षा को सामाजिक प्रक्रिया माना; अनुभव और लोकतंत्र पर बल।
William James	प्रयोगवाद का जनक; सत्य की व्यावहारिकता को

	महत्त्व दिया।
Charles Sanders Peirce	"Pragmatic maxim" का प्रतिपादन।

23.6 प्रयोगवाद की शिक्षा में विशेषताएँ / Features of Pragmatist Education

- ◇ शिक्षा जीवन का पर्याय है
- ◇ बालक के अनुभवों को केंद्र में रखा गया
- ◇ ज्ञान स्थिर नहीं, प्रयोग से प्राप्त होता है
- ◇ प्रश्नों और समस्याओं के समाधान की प्रवृत्ति को बढ़ावा
- ◇ लोकतांत्रिक वातावरण का समर्थन
- ◇ सहभागिता, सहयोग और समाजोपयोगिता को बल

23.7 प्रयोगवाद की आलोचना / Criticism of Pragmatism

बिंदु	आलोचना
सत्य का सापेक्ष होना	यह स्थायी मूल्यों का खंडन करता है।
अनुशासन की कमी	अधिक स्वतंत्रता से अनुशासनहीनता हो सकती है।
धार्मिक, नैतिक शिक्षा की उपेक्षा	आध्यात्मिक विकास पर बल नहीं देता।
प्राचीन मूल्यों से कटाव	परंपरागत ज्ञान को नकारता है।

23.8 प्रयोगवाद की वर्तमान प्रासंगिकता / Contemporary Relevance

☑ NEP 2020 में अनुभव आधारित अधिगम (experiential learning)

☑ प्रोजेक्ट आधारित शिक्षण (Project-based learning)

☑ 21वीं सदी के कौशल – critical thinking, problem solving, adaptability

☑ ICT आधारित शिक्षा में प्रयोगशीलता की अवधारणा

23.9 प्रमुख उद्धरण / Important Quotes

"Education is not preparation for life; education is life itself." – **John Dewey**

"Truth is what works." – **William James**

"Do not teach what you know, teach what the child needs." – **John Dewey**

23.10 अभ्यास प्रश्न / Practice Questions

दीर्घ उत्तरीय प्रश्न / Long Answer Type

1. प्रयोगवाद के सिद्धांतों का विस्तार से वर्णन कीजिए।
2. शिक्षा में प्रयोगवाद की भूमिका पर चर्चा कीजिए।
3. जॉन डेवी के शैक्षिक विचारों का विश्लेषण कीजिए।
4. प्रयोगवाद की विशेषताओं, आलोचना और प्रासंगिकता पर टिप्पणी कीजिए।

वस्तुनिष्ठ प्रश्न / MCQs

1. "Education is life itself." यह कथन किसका है?

   a) Rousseau

b) Plato

c) John Dewey ☑

d) James Mill

2. प्रयोगवाद किस पर बल देता है?

   a) शुद्ध तर्क

   b) अनुभव और प्रयोग ☑

   c) अध्यात्म

   d) आदर्श

3. William James किस दर्शन से जुड़े थे?

   a) प्राकृतिकवाद

   b) आदर्शवाद

   c) यथार्थवाद

   d) प्रयोगवाद ☑

4. प्रोजेक्ट विधि प्रयोगवाद के किस सिद्धांत पर आधारित है?

   a) नैतिकता

   b) समाजवाद

   c) गतिविधि और अनुभव ☑

   d) अनुशासन

प्रयोगवाद शिक्षा को जीवन का पर्याय मानता है, जहाँ अनुभव, प्रयोग और समस्या समाधान के माध्यम से बालक सीखता है। यह लोकतांत्रिक, व्यावहारिक और बालक केंद्रित शिक्षा प्रणाली का समर्थन करता है।

Pragmatism treats education as life itself, promoting experiential learning and problem-solving. It advocates for democratic, practical, and child-centered pedagogy, making it highly relevant in the 21st-century educational landscape.

अध्याय 24: अस्तित्ववाद (Existentialism)

24.1 परिचय / Introduction

अस्तित्ववाद एक आधुनिक दार्शनिक विचारधारा है जो व्यक्ति के अस्तित्व, स्वतंत्रता, उत्तरदायित्व और आत्म-निर्णय पर बल देती है। यह मानव जीवन की अर्थहीनता, अकेलेपन और संघर्ष के बीच व्यक्ति के 'स्व' की खोज को केंद्र में रखती है।

Existentialism is a modern philosophical approach that emphasizes individual existence, freedom, responsibility and self-determination. It focuses on the quest for self in a meaningless, alienated, and often absurd world.

24.2 परिभाषाएँ / Definitions

◇ **Jean-Paul Sartre** – "Existence precedes essence."
◇ **Søren Kierkegaard** – "Truth is subjectivity."
◇ **Marcel** – "Man is a being in search of meaning."

24.3 अस्तित्ववाद की प्रमुख विशेषताएँ / Key Features of Existentialism

☑ व्यक्ति की स्वतंत्रता और उत्तरदायित्व पर बल
☑ आत्मनिरीक्षण और आत्म-संघर्ष की स्वीकृति
☑ जीवन के अर्थ की व्यक्तिगत खोज
☑ परंपरा, नियम और वस्तुनिष्ठ सत्य का विरोध

☑ प्रत्येक व्यक्ति अद्वितीय है और अपने निर्णय स्वयं करता है
☑ नैतिक निर्णय का स्रोत व्यक्ति स्वयं होता है

24.4 प्रमुख अस्तित्ववादी दार्शनिक / Major Existentialist Thinkers

दार्शनिक	योगदान
Søren Kierkegaard	अस्तित्ववाद के जनक; ईश्वर, भय और आत्मा की चिंता की चर्चा की
Jean-Paul Sartre	"Man is condemned to be free"; स्वतंत्रता और उत्तरदायित्व पर बल
Martin Heidegger	"Being" की अवधारणा; प्रामाणिक जीवन पर बल
Gabriel Marcel	धार्मिक अस्तित्ववाद का प्रतिनिधित्व
Albert Camus	"The Myth of Sisyphus"; जीवन की निरर्थकता

24.5 शिक्षा में अस्तित्ववाद / Existentialism in Education

पक्ष	अस्तित्ववादी दृष्टिकोण
उद्देश्य (Aims)	आत्म-अस्तित्व की खोज, व्यक्तिगत स्वतंत्रता का विकास, आत्म-जागरूकता और उत्तरदायित्व की भावना
पाठ्यक्रम (Curriculum)	वैयक्तिक रुचियों पर आधारित, नैतिक शिक्षा, साहित्य, कला, दर्शन, जीवन के प्रश्नों पर आधारित विषय
शिक्षण विधियाँ (Methods)	संवाद (Dialogue), आत्म-मूल्यांकन, चुनौतियों का सामना, प्रश्नोत्तरी पद्धति
शिक्षक की भूमिका (Teacher's Role)	सहयात्री, मार्गदर्शक, प्रेरक; स्वतंत्रता को प्रेरित करने वाला

विद्यार्थी का स्थान (Learner's Role)	शिक्षा का केंद्र; स्वतंत्र, उत्तरदायी, आत्म-निर्णायक, आत्म-मूल्यांकन करने वाला

24.6 अस्तित्ववाद के शिक्षा में मूल तत्त्व / Core Elements of Existentialist Education

◇ **व्यक्तिवाद** – प्रत्येक विद्यार्थी अद्वितीय है
◇ **स्वतंत्रता** – निर्णय लेने की स्वतंत्रता
◇ **उत्तरदायित्व** – अपने निर्णयों के लिए उत्तरदायी होना
◇ **प्रामाणिकता (Authenticity)** – स्वयं के प्रति सच्चे रहना
◇ **आत्मनिरीक्षण** – जीवन के उद्देश्य पर विचार करना

24.7 अस्तित्ववाद की शिक्षा में प्रासंगिकता / Relevance in Modern Education

☑ NEP 2020 में learner-centered, choice-based और moral-ethical development की बातें अस्तित्ववाद से मेल खाती हैं।
☑ Counseling, self-awareness और personalized learning की अवधारणाएँ अस्तित्ववादी दर्शन पर आधारित हैं।
☑ 21वीं सदी में तनाव, भ्रम, जीवन की अर्थहीनता जैसी चुनौतियों से निपटने में अस्तित्ववाद उपयोगी है।

24.8 अस्तित्ववाद की आलोचना / Criticism of Existentialism

आलोचना	विवरण
अत्यधिक व्यक्तिवाद	सामाजिक उत्तरदायित्व की उपेक्षा

नैतिक दिशाहीनता	कोई स्थायी नैतिक मापदंड नहीं
व्यावहारिक कठिनाइयाँ	शिक्षा में लागू करना जटिल
नकारात्मक दृष्टिकोण	जीवन को निरर्थक और असहाय बताना

24.9 प्रमुख उद्धरण / Notable Quotes

"Man is nothing else but what he makes of himself." – **Sartre**

"Truth is not something to be found but something to be created." – **Kierkegaard**

"The only way to deal with an unfree world is to become so absolutely free that your very existence is an act of rebellion." – **Camus**

24.10 अभ्यास प्रश्न / Practice Questions

दीर्घ उत्तरीय प्रश्न / Long Answer Type

1. अस्तित्ववाद की प्रमुख विशेषताओं का विस्तारपूर्वक वर्णन कीजिए।
2. अस्तित्ववाद के शैक्षिक दृष्टिकोण की विवेचना कीजिए।
3. Jean-Paul Sartre तथा Kierkegaard के अस्तित्ववादी विचारों की तुलना कीजिए।
4. अस्तित्ववाद की आलोचना तथा उसकी वर्तमान शिक्षा में प्रासंगिकता पर टिप्पणी कीजिए।

वस्तुनिष्ठ प्रश्न / MCQs

1. “Existence precedes essence.” यह किस दार्शनिक का कथन है?

   a) Heidegger

   b) Sartre ☑

   c) Camus

   d) Kierkegaard

2. अस्तित्ववाद किस पर बल देता है?

   a) समाज

   b) अध्यात्म

   c) व्यक्तित्व और स्वतंत्रता ☑

   d) नियम और अनुशासन

3. “Truth is subjectivity.” यह किसने कहा?

   a) Marcel

   b) Sartre

   c) Kierkegaard ☑

   d) Dewey

4. अस्तित्ववाद का शिक्षा पर प्रभाव किस रूप में देखा जाता है?

   a) अनुशासनात्मक शिक्षा

   b) मूल्य आधारित शिक्षा

   c) व्यक्ति केंद्रित शिक्षा ☑

   d) परंपरागत शिक्षा

अस्तित्ववाद व्यक्ति को उसकी स्वतंत्रता, उत्तरदायित्व और आत्म-निर्णय की शक्ति के साथ जीने की प्रेरणा देता है। यह शिक्षा को व्यक्तिगत खोज और आत्मबोध का माध्यम मानता है।

Existentialism inspires individuals to live with freedom, responsibility, and personal choice. It sees education as a means of personal discovery and self-realization.

खंड 7: आधुनिक दार्शनिक प्रवृत्तियाँ और शिक्षा
Modern Philosophical Trends and Education

अध्याय 25: तार्किक अनुभववाद (Logical Empiricism)

25.1 परिचय / Introduction

तार्किक अनुभववाद एक दार्शनिक आंदोलन है, जो अनुभववाद और विश्लेषणात्मक तर्कशास्त्र का समन्वय करता है। यह मानता है कि सत्य और ज्ञान का स्रोत प्रत्यक्ष अनुभव (Empirical Evidence) और तर्क (Logic) में है।

Logical Empiricism, also known as Logical Positivism, is a philosophical movement that combines empiricism with analytical logic. It asserts that knowledge and truth must be based on empirical evidence and logical reasoning.

25.2 मुख्य प्रवर्तक / Key Proponents

दार्शनिक	योगदान
Rudolf Carnap	भाषा, विज्ञान और लॉजिक के संबंधों पर कार्य किया
Moritz Schlick	Vienna Circle के प्रमुख सदस्य
A.J. Ayer	"Language, Truth and Logic" पुस्तक में सिद्धांत प्रतिपादित
Otto Neurath	एकता विज्ञान का विचार
Hans Reichenbach	विज्ञान दर्शन में योगदान

25.3 तार्किक अनुभववाद की परिभाषा / Definition of Logical Empiricism

"A statement is meaningful only if it can be empirically verified or is analytically true." – Ayer

"Knowledge is justified either through direct observation or logical deduction." – Carnap

25.4 प्रमुख विशेषताएँ / Major Features

- ✅ तथ्य और प्रमाण पर बल (Focus on facts and evidence)
- ✅ तर्क और भाषा की स्पष्टता (Clarity of logic and language)
- ✅ मीमांसा और अध्यात्म की उपेक्षा (Rejection of metaphysics)
- ✅ सत्यापन का सिद्धांत (Verification principle)
- ✅ साइंस और फिलॉसफी का एकीकरण (Unity of science and philosophy)

25.5 तार्किक अनुभववाद और शिक्षा / Logical Empiricism and Education

पक्ष	विवरण
उद्देश्य (Aims)	तर्कशील, वैज्ञानिक दृष्टिकोण का विकास; प्रमाण आधारित चिंतन
पाठ्यक्रम (Curriculum)	विज्ञान, गणित, भाषा, तर्कशास्त्र को प्राथमिकता
शिक्षण विधियाँ (Methods)	प्रयोगात्मक, अवलोकन, विश्लेषणात्मक सोच, वैज्ञानिक विधि
शिक्षक की भूमिका	मार्गदर्शक, आलोचनात्मक चिंतन को बढ़ावा देने वाला

विद्यार्थी की भूमिका	जिज्ञासु, खोजी, प्रमाण आधारित सीखने वाला

25.6 तार्किक अनुभववाद का शैक्षिक महत्व / Educational Significance

- तथ्य आधारित शिक्षा को बल देता है
- भाषा और विचार की स्पष्टता को महत्त्व
- गैर-प्रमाणित विश्वासों और अंधविश्वास का खंडन
- समस्या समाधान और वैज्ञानिक दृष्टिकोण का विकास
- कंप्यूटर साइंस, गणित, विज्ञान में इसकी भूमिका अत्यधिक महत्त्वपूर्ण

25.7 तार्किक अनुभववाद की आलोचना / Criticism of Logical Empiricism

बिंदु	आलोचना
अति वैज्ञानिक दृष्टिकोण	मानवीय और भावनात्मक पक्षों की उपेक्षा
मीमांसा का निषेध	दर्शन की गहराई कम होती है
पूर्ण सत्यापन असंभव	सभी ज्ञान को प्रमाणित करना व्यावहारिक नहीं
नैतिकता और सौंदर्यशास्त्र की उपेक्षा	मूल्य, कला और आत्मबोध से दूरी

25.8 वर्तमान संदर्भ में प्रासंगिकता / Contemporary Relevance

✅ STEM शिक्षा में वैज्ञानिक विधि का अनुप्रयोग
✅ डेटा आधारित शिक्षण और रिसर्च मेथडोलॉजी में उपयोग
✅ Artificial Intelligence, Logical Reasoning और Analytics के क्षेत्र में योगदान
✅ Educational Psychology और Cognitive Science में लागू

25.9 प्रमुख उद्धरण / Notable Quotes

"The meaning of a proposition is its method of verification." – **A.J. Ayer**

"Philosophy is not a doctrine but an activity." – **Ludwig Wittgenstein (influencer)**

25.10 अभ्यास प्रश्न / Practice Questions

दीर्घ उत्तरीय प्रश्न / Long Answer Type

1. तार्किक अनुभववाद के प्रमुख सिद्धांतों की व्याख्या कीजिए।
2. शिक्षा के क्षेत्र में तार्किक अनुभववाद की भूमिका का विश्लेषण कीजिए।
3. Vienna Circle के योगदान पर प्रकाश डालिए।
4. तार्किक अनुभववाद की आलोचना और वर्तमान प्रासंगिकता पर टिप्पणी कीजिए।

वस्तुनिष्ठ प्रश्न / MCQs

1. "Verification Principle" किस दर्शन से संबंधित है?

   a) अस्तित्ववाद

   b) आदर्शवाद

c) तार्किक अनुभववाद ☑

d) मानववाद

2. तार्किक अनुभववाद के अनुसार ज्ञान का स्रोत है:

a) तर्क और अनुभव ☑

b) अंतर्दृष्टि

c) शुद्ध तर्क

d) धर्म

3. Vienna Circle किस दर्शन से जुड़ा है?

a) योग

b) न्याय

c) तार्किक अनुभववाद ☑

d) सांख्य

4. तार्किक अनुभववाद में किस विषय को प्रमुखता दी जाती है?

a) इतिहास

b) गणित और विज्ञान ☑

c) कला

d) संगीत

तार्किक अनुभववाद एक वैज्ञानिक, तर्कशील और प्रमाण आधारित दार्शनिक दृष्टिकोण है, जो शिक्षा को स्पष्ट सोच, अवलोकन और विश्लेषण के माध्यम से विकसित करने का प्रयास करता है।

Logical Empiricism is a scientific, rational, and evidence-based philosophical approach that seeks to enhance education through clarity of thought, observation, and analytical reasoning.

अध्याय 26: सकारात्मक सापेक्षवाद (Positive Relativism)

26.1 परिचय / Introduction

सकारात्मक सापेक्षवाद एक समकालीन दार्शनिक दृष्टिकोण है जो यह मानता है कि सत्य, मूल्य, नैतिकता और ज्ञान सार्वभौमिक नहीं हैं, बल्कि ये सांस्कृतिक, सामाजिक या वैयक्तिक संदभ के अनुसार भिन्न हो सकते हैं। लेकिन यह सापेक्षता को निराशावाद के रूप में नहीं बल्कि **संवाद**, **सहिष्णुता**, और **बहुलता** के सकारात्मक साधन के रूप में देखता है।

Positive Relativism is a modern philosophical outlook which holds that truth, morality, values, and knowledge are not absolute but vary according to cultural, social, or individual contexts. However, unlike radical relativism, it views this flexibility as a **source of dialogue, tolerance, and pluralism**, not as nihilism.

26.2 परिभाषा / Definition

"Positive Relativism accepts the relativity of knowledge and values but uses it to promote intercultural understanding and mutual respect."

"सकारात्मक सापेक्षवाद सापेक्षता को संवाद, बहुसंस्कृतिवाद और सहअस्तित्व के लिए उपयोगी मानता है।"

26.3 मुख्य विचार / Key Ideas

- ☑ सत्य और मूल्य स्थायी नहीं, बल्कि संदर्भ आधारित होते हैं
- ☑ सभी मान्यताओं को सुनने और समझने का आग्रह
- ☑ सहिष्णुता और वैकल्पिक दृष्टिकोणों का सम्मान
- ☑ वैश्वीकरण और बहुसांस्कृतिक समाज के लिए उपयोगी
- ☑ ज्ञान की विविधताओं को सकारात्मक रूप में स्वीकार करना

26.4 सकारात्मक सापेक्षवाद और शिक्षा / Positive Relativism and Education

पहलू	दृष्टिकोण
शिक्षा का उद्देश्य	सहिष्णुता, बहुसंस्कृतिवाद, संवादात्मक समझ और समावेशिता का विकास
पाठ्यक्रम	विविध सांस्कृतिक दृष्टिकोणों, स्थानीय ज्ञान, और नैतिक विविधताओं को स्थान
शिक्षण विधियाँ	सहअध्ययन (Collaborative learning), संवाद, बहु-दृष्टिकोण प्रस्तुति, केस स्टडी
शिक्षक की भूमिका	एक संवादक और उत्प्रेरक जो भिन्न-भिन्न दृष्टिकोणों को मंच देता है
विद्यार्थी की भूमिका	आलोचनात्मक चिंतन करने वाला, विविधता को स्वीकार करने वाला

26.5 प्रासंगिकता / Relevance in Contemporary Education

◆ NEP 2020 में मूल्य-आधारित और स्थानीय ज्ञान के साथ-साथ वैश्विक समझ का समन्वय — सकारात्मक सापेक्षवाद का समर्थन

◆ बहुसांस्कृतिक कक्षा (Multicultural Classroom)

◆ सामाजिक न्याय, लिंग समानता, धर्मनिरपेक्षता जैसे विषयों में प्रयोग

◆ शिक्षकों में "Bias-free teaching" की भावना विकसित करना

26.6 लाभ / Benefits of Positive Relativism in Education

- ◆ विद्यार्थियों में सहिष्णुता और सह-अस्तित्व की भावना
- ◆ वैश्विक नागरिकता के गुणों का विकास
- ◆ विविध दृष्टिकोणों से समाधान खोजने की क्षमता
- ◆ मूल्यहीनता की ओर नहीं, बल्कि वैकल्पिक मूल्यों की स्वीकृति

26.7 आलोचना / Criticism

बिंदु	आलोचना
अत्यधिक उदारता	नैतिक सापेक्षता के कारण स्पष्ट नैतिक निर्णय कठिन हो जाते हैं
निश्चितता का अभाव	विद्यार्थियों को दृढ़ नैतिक मूल्य प्रदान करना कठिन
कभी-कभी निर्णय की अस्पष्टता	कौन सा दृष्टिकोण अधिक उपयुक्त है, यह तय करना कठिन होता है

26.8 अन्य संबंधित सिद्धांत / Related Theories

- **Cultural Relativism**
- **Epistemological Relativism**
- **Critical Pedagogy** (Paulo Freire)
- **Constructivism**
- **Value Pluralism**

26.9 प्रमुख उद्धरण / Notable Quotes

"In a world full of differences, the aim of education is not uniformity but unity through understanding."

“Positive relativism is not the denial of truth, but the recognition of many truths.”

26.10 अभ्यास प्रश्न / Practice Questions

दीर्घ उत्तरीय प्रश्न / Long Answer Type

1. सकारात्मक सापेक्षवाद की अवधारणा की व्याख्या कीजिए।
2. शिक्षा के क्षेत्र में सकारात्मक सापेक्षवाद की भूमिका और महत्व स्पष्ट कीजिए।
3. सकारात्मक सापेक्षवाद और सांस्कृतिक बहुलता के बीच संबंध का वर्णन कीजिए।
4. सकारात्मक सापेक्षवाद की आलोचना और समाधान प्रस्तुत कीजिए।

वस्तुनिष्ठ प्रश्न / MCQs

1. Positive Relativism is primarily associated with:

   a) Absolutism

   b) Cultural uniformity

   c) Dialogue and pluralism ☑

   d) Dogmatism

2. Which of the following is **not** a feature of Positive Relativism?

   a) Value pluralism

   b) Rigid moral codes ☑

   c) Mutual understanding

   d) Intercultural respect

3. NEP 2020 promotes the idea of:

a) Standardized curriculum

b) Rote learning

c) Multicultural and value-based education ☑

d) One-nation-one-language

सकारात्मक सापेक्षवाद शिक्षा में विविधता, संवाद और सहिष्णुता को बढ़ावा देता है। यह एक ऐसा दृष्टिकोण है जो विद्यार्थियों को वैश्विक और स्थानीय दोनों स्तरों पर समझदार, संवेदनशील और आलोचनात्मक बनाता है।

Positive Relativism in education fosters diversity, dialogue, and tolerance. It nurtures students to become globally and locally conscious, critical, and empathetic learners.

परिशिष्ट (Appendices)- A
प्रमुख दार्शनिकों की तुलना

दार्शनिक / Philosopher	दर्शन / Philosophy	शिक्षा का उद्देश्य / Aim of Education	पाठ्यक्रम / Curriculum	विधि / Method	शिक्षक की भूमिका / Role of Teacher	विशेष योगदान / Unique Contribution
सांख्य (Samkhya)	द्वैतवादी तात्त्विक दर्शन (Dualistic Metaphysics)	मोक्ष प्राप्ति हेतु विवेक	प्रकृति, पुरुष, ज्ञान के तत्व	विवेचनात्मक	आत्मज्ञान हेतु प्रेरक	विवेक और तत्त्वमीमांसा का विश्लेषण
योग (Yoga)	अभ्यासप्रधान, आत्मसंयम	चित्त की वृत्तियों का निरोध	अनुशासन, ध्यान, संयम	अभ्यास, अनुशासन	अनुशासक, मार्गदर्शक	शिक्षा में योग और अनुशासन का समावेश
वेदांत (Advaita Vedanta)	अद्वैतवाद (Non-dualism)	आत्मा-ब्रह्म की एकता का बोध	आध्यात्मिक ज्ञान	आत्मचिंतन, उपनिषद	गुरु के रूप में ज्ञानी	मोक्ष एवं अद्वैत का साक्षात्कार
न्याय (Nyaya)	तर्कप्रधान दर्शन (Logic-centered)	यथार्थ ज्ञान की प्राप्ति	तर्क, प्रमाण, तर्कशास्त्र	प्रश्नोत्तर, तर्क	तर्क विकसित करने वाला	तर्क और प्रमाण आधारित शिक्षा
वैशेषिक (Vaisheshika)	पदार्थ का विश्लेषण	अनुभवजन्य ज्ञान	पदार्थ, द्रव्य, गुण	विश्लेषण	खोज हेतु प्रेरणा	विज्ञान एवं पदार्थ-मीमांसा का दर्शन
मीमांसा (Mimamsa)	कर्मकांड प्रधान	धर्म पालन के माध्यम से मोक्ष	वेद, यज्ञ, कर्म	अध्ययन, स्मृति	वेदज्ञ शिक्षक	कर्म और वेदों के अध्ययन पर बल
विवेकानंद (Vivekananda)	अद्वैत + मानवतावाद	पूर्णता की ओर विकास	आत्मबोध, चरित्र निर्माण	प्रेरणात्मक, व्यावहारिक	आदर्श व्यक्तित्व	"मनुष्य निर्माण" का शैक्षिक दर्शन
टैगोर (Tagore)	मानवतावाद, प्रकृति प्रेम	स्वाभाविक विकास	कला, संगीत, प्रकृति	अनुभवात्मक, मुक्त	मैत्रीपूर्ण मार्गदर्शक	शांतिनिकेतन की स्थापना, 'जीवन के लिए शिक्षा'
गांधी (Gandhi)	नैतिकता, सत्याग्रह	सत्य, अहिंसा, श्रम	नैतिक शिक्षा, हस्तकला	मूल्यानिष्ठ, श्रम आधारित	सेवक और साधक	'बुनियादी शिक्षा' (Nai Talim) का सिद्धांत
अरविंद (Sri Aurobindo)	समन्वयवादी आध्यात्मिक दर्शन	दिव्य जीवन की ओर विकास	आध्यात्मिक, नैतिक, राष्ट्रीयता	अंतर्दृष्टि, साधना	चेतना-विकास प्रेरक	'समग्र शिक्षा' का दृष्टिकोण
आदर्शवाद	विचारप्रधान	चरित्र	आध्यात्मिक और नैतिक	व्याख्यान,	नैतिक मार्गदर्शक	आत्मा और विचार को केंद्र

(Idealism)		निर्माण, आत्मा का विकास	विषय	चर्चा		में रखना
यथार्थवाद (Realism)	वस्तुपरक, विज्ञान केंद्रित	वास्तविकता को समझना	विज्ञान, गणित, सामाजिक विज्ञान	पर्यवेक्षण, प्रयोग	निरीक्षक, प्रशिक्षक	यथार्थ को केंद्र में रखकर शिक्षा देना
प्राकृतिकवाद (Naturalism)	प्रकृति अनुकूलता	स्वाभाविक विकास	प्रकृति आधारित विषय	अनुभव आधारित	पर्यावरण निर्माता	प्रकृति के अनुसार शिक्षण
प्रयोगवाद (Pragmatism)	प्रयोग, अनुभव पर बल	समाजोपयोगी ज्ञान	सामाजिक विज्ञान, प्रयोग	समस्या समाधान	सहायक और सहभागी	शिक्षा में कार्य और अनुभव का महत्व
अस्तित्ववाद (Existentialism)	व्यक्ति की स्वतंत्रता	आत्मनिर्णय और उत्तरदायित्व	जीवन मूल्य, नैतिकता	संवाद, विकल्प आधारित	स्वतंत्रता में सहायक	छात्र की स्वतंत्रता व अस्तित्व पर बल
तार्किक अनुभववाद (Logical Empiricism)	तर्क और अनुभव का मिश्रण	तर्कशीलता और विज्ञान की समझ	विज्ञान, भाषा, गणित	तर्क, विश्लेषण	आलोचनात्मक चिन्तक	तर्क और तथ्य आधारित शिक्षा दृष्टिकोण
सकारात्मक सापेक्षवाद (Positive Relativism)	सापेक्षता में सहिष्णुता	बहुलता, संवाद और समावेशन	विविध सांस्कृतिक सामग्री	संवादात्मक, बहु-दृष्टिकोण	समावेशी सहयोगी	सहिष्णु, बहुसांस्कृतिक शिक्षा की वकालत

परिशिष्ट (Appendices)- B

परीक्षा में पूछे गए पिछले वष के प्रश्न

Previous Year Questions (UPHESC, UGC-NET, etc.)

1. Philosophy is mainly concerned with –
A. Money
B. Knowledge
C. Employment
D. Entertainment

2. The branch of philosophy that studies the nature of reality is –
A. Axiology
B. Epistemology
C. Metaphysics
D. Logic

3. Which philosophy believes in "idea is the only reality"?
A. Idealism
B. Naturalism
C. Realism
D. Pragmatism

4. "Education is the manifestation of perfection already in man" — whose quote is this?
A. Mahatma Gandhi
B. J. Krishnamurti
C. Swami Vivekananda
D. John Dewey

5. Realism in education emphasizes –
A. Spiritual development
B. Material world and experience
C. Soul purification
D. Self-realization

6. Which philosophy emphasizes "Learning by doing"?
A. Idealism
B. Realism
C. Pragmatism
D. Existentialism

7. Axiology is the study of –
A. Matter
B. Knowledge
C. Values
D. Logic

8. Epistemology is related to –
A. Teaching methods
B. Curriculum
C. Theory of knowledge
D. Educational aims

9. According to Pragmatism, truth is –

A. Absolute
B. Relative to usefulness
C. Fixed
D. Universal

10. Who advocated 'Basic Education'?
A. Tagore
B. Gandhi
C. Vivekananda
D. Aurobindo

11. Naturalism emphasizes –
A. Discipline
B. Nature and natural development
C. Spiritual development
D. Reason

12. The term 'Perennialism' is associated with –
A. Traditional education
B. Progressive education
C. Experimental education
D. Future education

13. Who said, "Man is the measure of all things"?
A. Socrates
B. Plato
C. Protagoras
D. Aristotle

14. The concept of "Satyam Shivam Sundaram" is related to –
A. Buddhism
B. Jainism
C. Indian Philosophy
D. Western Philosophy

15. Which philosophy advocates free discipline?
A. Idealism
B. Realism
C. Pragmatism
D. Naturalism

16. "Tat Tvam Asi" is associated with –
A. Nyaya
B. Vedanta
C. Samkhya
D. Yoga

17. The goal of education according to Existentialism is –
A. Social adjustment
B. Self-realization
C. Vocational preparation
D. Value inculcation

18. Teacher as a 'guide on the side' belongs to –
A. Idealism
B. Naturalism
C. Pragmatism
D. Realism

19. Dialectical method was introduced by –
A. Plato

B. Aristotle

C. Socrates

D. Dewey

20. Who emphasized "Freedom for the child in education"?

A. Dewey

B. Froebel

C. Rousseau

D. Tagore

21. Whose educational philosophy is 'Integral Education'?

A. Mahatma Gandhi

B. Aurobindo

C. Vivekananda

D. Jiddu Krishnamurti

22. "Education is life itself" is a quote by –

A. Froebel

B. Plato

C. Dewey

D. Gandhi

23. Who founded the concept of "Learning through Senses"?

A. Comenius

B. Spencer

C. Rousseau

D. Aristotle

24. In Indian philosophy, Pramana means –

A. Teacher

B. Knowledge

C. Source of knowledge

D. Value

25. "Gyan, Karma, Bhakti" are paths of –

A. Yoga

B. Vedanta

C. Jainism

D. Buddhism

26. Which philosophy focuses on "reality as change"?

A. Idealism

B. Realism

C. Naturalism

D. Pragmatism

27. The philosophy that stresses on experimentation is –

A. Existentialism

B. Pragmatism

C. Realism

D. Idealism

28. Who believed in 'Education according to Nature'?

A. Rousseau

B. Plato

C. Aristotle

D. Comenius

29. What is the key concept of Nyaya philosophy?

A. Atomism

B. Logic

C. Yoga

D. Brahman

30. Which of the following is not a school of Indian Philosophy?

A. Samkhya

B. Vedanta

C. Idealism

D. Yoga

31. The education philosophy of Tagore emphasized –

A. Freedom and creativity

B. Strict discipline

C. Industrial training

D. Army-like training

32. According to Swami Vivekananda, education is the manifestation of –

A. Intelligence

B. Love

C. Divinity

D. Hard work

33. "Doctrine of Punarjanma (rebirth)" is a belief of –

A. Buddhism

B. Jainism

C. Vedanta

D. All of these

34. Who emphasized "Education for complete development of human being"?

A. Froebel

B. Gandhi

C. Aurobindo

D. Tagore

35. Who gave the concept of 'Sankhya dualism'?

A. Patanjali

B. Kapila

C. Gautama

D. Kanada

36. The source of valid knowledge in Indian philosophy is called –

A. Yoga

B. Pramana

C. Jnana

D. Karma

37. The motto "Unity in diversity" relates to which national value?

A. Secularism

B. Socialism

C. National Integration

D. Liberty

38. Value Education refers to –

A. Intellectual development only

B. Knowledge of facts

C. Development of human values

D. Economic development

39. Which of the following is not a method of acquiring knowledge in Indian Philosophy?

A. Pratyaksha

B. Anumana

C. Upamana

D. Parinam

40. Idealism favors –

A. Practical skills

B. Spiritual values

C. Physical training

D. Economic development

41. Existentialists emphasize –

A. Society

B. Individual choice

C. Science

D. Technology

42. Froebel is best known as –

A. Father of kindergarten

B. Father of psychology

C. Father of Naturalism

D. Father of secondary education

43. Logical empiricism emphasizes –

A. Ethics

B. Language and verification

C. Morality

D. Spirituality

44. Gandhiji's education emphasizes –

A. Book knowledge

B. Craft-centered learning

C. Luxury

D. Rote learning

45. Teacher as "facilitator of learning" is emphasized in –

A. Idealism

B. Naturalism

C. Progressivism

D. Realism

46. "Liberation from bondage" is the final aim of which philosophy?

A. Jainism

B. Buddhism

C. Vedanta

D. All of these

47. Which philosopher emphasized "Freedom with responsibility"?

A. Dewey

B. Rousseau

C. Froebel

D. Aurobindo

48. Which of the following is not a value enshrined in

the Indian Constitution?

A. Liberty

B. Equality

C. Superiority

D. Fraternity

49. Which Indian philosopher spoke of "Psychic, mental, spiritual" planes of education?

A. Vivekananda

B. Tagore

C. Aurobindo

D. Gandhi

50. Who gave the concept of "anubhava" as a means of knowledge?

A. Aurobindo

B. Shankaracharya

C. Buddha

D. Ramanujacharya

51. The value emphasized most in idealism is –

A. Utility

B. Truth

C. Physical strength

D. Wealth

52. Who gave the concept of "Knowledge is power"?

A. Locke

B. Rousseau

C. Bacon

D. Comte

53. Who is considered father of scientific realism?

A. Bertrand Russell

B. Comte

C. Locke

D. Skinner

54. Who is the founder of Buddhism?

A. Kapila

B. Mahavira

C. Buddha

D. Patanjali

55. Which of these philosophies stresses "observation and experiment"?

A. Idealism

B. Empiricism

C. Vedanta

D. Existentialism

56. "Cogito ergo sum" (I think therefore I am) is given by –

A. Descartes

B. Plato

C. Kant

D. Hume

57. Montessori education focuses on –

A. Teacher-led method

B. Fear-based discipline

C. Self-directed activity

D. Examinations

58. Which Indian philosophy is pluralistic realism?
A. Samkhya
B. Vaisheshika
C. Vedanta
D. Yoga

59. Who emphasized on 'social aim of education'?
A. Gandhi
B. Dewey
C. Tagore
D. Vivekananda

60. "Education is for the preparation of real life" is advocated by –
A. Pragmatism
B. Idealism
C. Naturalism
D. Realism

61. Who proposed the concept of 'child-centered education'?
A. Plato
B. Dewey
C. Gandhi
D. Aurobindo

62. "Philosophy and Education are two sides of the same coin." — Who said this?
A. Dewey
B. Ross
C. Gandhi
D. Skinner

63. Which school of philosophy supports "experimentation in curriculum"?
A. Realism
B. Idealism
C. Pragmatism
D. Perennialism

64. What is the main focus of existentialism?
A. Society
B. Science
C. Individual freedom
D. Tradition

65. What is the nature of knowledge in idealism?
A. Material
B. External
C. Spiritual
D. Sensory

66. Which educationist emphasized the role of senses in education?
A. Pestalozzi
B. Gandhi
C. Rousseau
D. Bacon

67. Who developed the doctrine of Panchashila in education?
A. Vivekananda

B. Nehru

C. Tagore

D. Aurobindo

68. According to Realism, curriculum should be –

A. Religious

B. Moral-based

C. Science-oriented

D. Skill-less

69. Aims of education in Vedanta are –

A. Sense pleasure

B. Moksha (liberation)

C. Economic power

D. Social status

70. "Truth is what works" is the belief of –

A. Idealism

B. Pragmatism

C. Naturalism

D. Existentialism

71. According to Sankhya, creation is the result of –

A. God's will

B. Nature

C. Purusha-Prakriti interaction

D. Scientific process

72. Which Indian system accepts only perception and inference as valid means of knowledge?

A. Jain

B. Nyaya

C. Charvaka

D. Vedanta

73. "Teacher is a moral model" is supported by –

A. Naturalism

B. Realism

C. Idealism

D. Empiricism

74. Logic is the branch of philosophy that deals with –

A. Knowledge

B. Argument and reasoning

C. Experience

D. Ethics

75. Education for peace is emphasized in –

A. NPE 1986

B. NEP 2020

C. NCF 2005

D. All of these

76. The philosophical base of NCF 2005 is –

A. Realism

B. Constructivism

C. Pragmatism

D. Idealism

77. Which value is not considered Universal?

A. Love

B. Truth

C. Violence

D. Compassion

78. Which philosopher is associated with the "Great Books" program?

A. Adler

B. Skinner

C. Dewey

D. Montessori

79. The goal of education according to Buddhism is –

A. Nirvana

B. Heaven

C. Salvation

D. Discipline

80. Which Indian philosopher emphasized “Nishkama Karma”?

A. Aurobindo

B. Tagore

C. Krishna (Gita)

D. Mahavira

81. Which Western philosophy emphasizes moral judgment and freedom?

A. Existentialism

B. Naturalism

C. Pragmatism

D. Idealism

82. ‘Perennialism’ supports –

A. Time-tested knowledge

B. Vocational learning

C. Life experiences

D. Scientific knowledge

83. Who is known as the father of modern education?

A. Comenius

B. Rousseau

C. Dewey

D. Locke

84. Which philosophy encourages exploration and curiosity?

A. Realism

B. Pragmatism

C. Naturalism

D. Existentialism

85. Education should be according to child’s nature is the belief of –

A. Realism

B. Naturalism

C. Pragmatism

D. Idealism

86. Which educational philosophy is child-centered and activity-based?

A. Idealism

B. Realism

C. Naturalism

D. Progressivism

87. Who is the chief exponent of logical empiricism?

A. Kant

B. Russell

C. Locke

D. Hume

88. Teaching as a moral activity is supported by –

A. Idealism

B. Empiricism

C. Pragmatism

D. Behaviorism

89. Swami Vivekananda stressed on –

A. Spiritual development

B. Physical strength

C. Political awareness

D. Technical education

90. The essence of Yoga philosophy is –

A. Devotion

B. Discipline of body and mind

C. Prayer

D. Rituals

91. Who said: "Education is drawing out of the latent powers"?

A. Socrates

B. Froebel

C. Gandhi

D. Vivekananda

92. "Socratic Method" involves –

A. Storytelling

B. Dictation

C. Questioning and dialogue

D. Memorization

93. "Education is a tripolar process" was stated by –

A. Adams

B. Ross

C. Dewey

D. Gandhi

94. Who emphasized the role of family in moral education?

A. Montessori

B. Gandhi

C. Tagore

D. Dewey

95. "Spiritual intelligence" is linked with which Indian tradition?

A. Jain

B. Vedanta

C. Buddhist

D. Nyaya

96. The phrase "Education as a sub-system of society" is from –

A. Sociology

B. Psychology

C. Philosophy

D. Anthropology

97. What is the basis of curriculum in Pragmatism?

A. Life experiences

B. Literature

C. Religious texts

D. Grammar

98. Education for vocational efficiency is stressed by –

A. Idealism

B. Pragmatism

C. Naturalism

D. Realism

99. Gandhiji's educational scheme is called –

A. Nai Talim

B. Shiksha Yojna

C. Wardha Scheme

D. Both A and C

100. Who said "Education is reconstruction of experience"?

A. Dewey

B. Rousseau

C. Gandhi

D. Aurobindo

Answer Key

1. A
2. B
3. C
4. A
5. B
6. D
7. C
8. A
9. D
10. B
11. C
12. A
13. D
14. D
15. B
16. C
17. A
18. C
19. D
20. A
21. B
22. C
23. B
24. A
25. D
26. D
27. B
28. A
29. B
30. C
31. A
32. C
33. D
34. C
35. B
36. B
37. C
38. C
39. D
40. B
41. B
42. A
43. B
44. B
45. C
46. D
47. A
48. C
49. C
50. B
51. B
52. C
53. B
54. C
55. B
56. A
57. C
58. B
59. B
60. A
61. B
62. B
63. C
64. C
65. C
66. A
67. D
68. C
69. B
70. B
71. C
72. C

73. C
74. B
75. D
76. B
77. C
78. A
79. A
80. C
81. A
82. A
83. A
84. B
85. B
86. D
87. B
88. A
89. A
90. B
91. A
92. C
93. A
94. B
95. B
96. A
97. A
98. B
99. D
100. A

Glossary: Educational & Philosophical Terms with Meanings (शब्दावली: शब्द और उनका अर्थ)

क्रम	हिंदी शब्द	English Term	अर्थ / Meaning
1	शिक्षा	Education	ज्ञान, कौशल, मूल्यों का स्थानांतरण
2	दर्शन	Philosophy	सत्य, ज्ञान और अस्तित्व की खोज
3	ज्ञानमीमांसा	Epistemology	ज्ञान की प्रकृति, स्रोत और मान्यता का अध्ययन
4	तात्विक मीमांसा	Metaphysics	वास्तविकता की मूल प्रकृति का अध्ययन
5	नैतिकता	Ethics	सही और गलत आचरण का दर्शन
6	मूल्य	Value	किसी चीज़ की महत्ता या गरिमा
7	अधिगम	Learning	अनुभव या अध्ययन से प्राप्त परिवर्तन
8	शिक्षण	Teaching	ज्ञान देने की क्रिया
9	पाठ्यक्रम	Curriculum	अध्ययन के लिए निर्धारित पाठ्य सामग्री
10	मूल्य शिक्षा	Value Education	नैतिक, सामाजिक मूल्यों का विकास
11	शिक्षक	Teacher	सिखाने वाला व्यक्ति
12	शिक्षार्थी	Learner	सीखने वाला व्यक्ति
13	शैक्षिक दर्शन	Educational Philosophy	शिक्षा से जुड़े दार्शनिक सिद्धांतों का अध्ययन
14	प्रेरणा	Motivation	किसी कार्य के प्रति प्रेरित करने वाली शक्ति
15	अंतर्दृष्टि	Intuition	बिना तर्क के सत्य को जानना
16	तर्क	Reason	विचारों की तार्किक प्रक्रिया

17	अनुभव	Experience	प्रत्यक्ष अनुभूति से प्राप्त ज्ञान
18	प्रामाण्यता	Validity	किसी ज्ञान या तथ्य की प्रमाणिकता
19	व्यवहारवाद	Behaviorism	व्यवहार के माध्यम से शिक्षा का सिद्धांत
20	प्रयोगवाद	Pragmatism	व्यावहारिकता पर आधारित दर्शन
21	आदर्शवाद	Idealism	विचारों और मूल्यों को सर्वोपरि मानना
22	यथार्थवाद	Realism	वस्तुनिष्ठ वास्तविकता पर बल देने वाला दृष्टिकोण
23	प्राकृतिकवाद	Naturalism	प्रकृति आधारित शिक्षा प्रणाली
24	अस्तित्ववाद	Existentialism	व्यक्ति की स्वतंत्रता और उत्तरदायित्व पर बल
25	लोकतंत्र	Democracy	जन-शासन की व्यवस्था
26	मानव अधिकार	Human Rights	प्रत्येक व्यक्ति के मूल अधिकार
27	समाज	Society	लोगों का संगठित समुदाय
28	संस्कृति	Culture	जीवन शैली, परंपराएं और मूल्य
29	मूल्यांकन	Evaluation	योग्यता, कौशल का मूल्य निर्धारण
30	पाठ योजना	Lesson Plan	शिक्षण की पूर्व नियोजित रूपरेखा
31	अधिगम लक्ष्य	Learning Objectives	अधिगम से प्राप्त होने वाले अपेक्षित परिणाम
32	ज्ञान के प्रकार	Types of Knowledge	प्रत्यक्ष, अप्रत्यक्ष, अंतर्ज्ञान आदि
33	पाठ्यविधि	Pedagogy	शिक्षण की प्रक्रिया और कला
34	शैक्षिक उद्देश्य	Educational Objectives	शिक्षा से प्राप्त होने वाले लक्ष्य

35	बाल-केंद्रित शिक्षा	Child-Centered Education	बच्चे को शिक्षा का केंद्र मानने वाली विधि
36	शैक्षिक नवाचार	Educational Innovation	नवीन शिक्षण प्रयोग
37	समावेशी शिक्षा	Inclusive Education	सभी को एकसमान शिक्षा उपलब्ध कराना
38	सूचना प्रौद्योगिकी	Information Technology	सूचना संग्रहण और आदान-प्रदान की तकनीक
39	पर्यवेक्षण	Supervision	निगरानी और मार्गदर्शन की प्रक्रिया
40	सामाजिक न्याय	Social Justice	समानता और निष्पक्षता की स्थिति
41	उत्तरदायित्व	Responsibility	कर्तव्यों को निभाने की नैतिक जिम्मेदारी
42	स्वतंत्रता	Freedom	सोचने और कार्य करने की आज़ादी
43	न्याय	Justice	उचित और निष्पक्ष व्यवहार
44	आध्यात्मिकता	Spirituality	आत्मा और जीवन के गूढ़ प्रश्नों पर चिंतन
45	संवाद	Dialogue	विचारों का द्विपक्षीय आदान-प्रदान
46	विवेक	Conscience	सही-गलत की आत्मबोध शक्ति
47	लोकतांत्रिक शिक्षा	Democratic Education	समान अवसर और अभिव्यक्ति की स्वतंत्रता देने वाली शिक्षा
48	अंत:प्रेरणा	Intrinsic Motivation	आंतरिक रूप से प्रेरित होना
49	बहिर्ज प्रेरणा	Extrinsic Motivation	बाहरी इनामों से प्रेरित होना

50	समग्र विकास	Holistic Development	शारीरिक, मानसिक, सामाजिक, भावनात्मक विकास

www.ingramcontent.com/pod-product-compliance
Lightning Source LLC
Chambersburg PA
CBHW050016170726
48282CB00025B/431
* 9 7 8 9 3 3 4 3 5 1 3 9 2 *